JN085071

すぐに使える

労働衛生コンサルタント
村木 宏吉 著

衛生委員会 の 基本と実務

第2版 基礎知識から運営方法、
テーマ例まで

労務行政

第2版　はじめに

　本書はマニュアルです。初めて衛生委員会（または安全委員会、あるいは安全衛生委員会）を運営することとなった事務局スタッフの方、アドバイザーとして出席することとなった社会保険労務士、労働安全コンサルタント、労働衛生コンサルタント、あるいは出席を要請された産業医の方々、さらには労働基準監督官をはじめとする行政担当者に、こうすれば効果的な衛生委員会、安全委員会や安全衛生委員会が開催できるという手法を、筆者の実務経験に基づいて解説しています。

　衛生委員会は、常時使用する労働者数が50人以上の事業場では、事業の種類（業種）にかかわらず必ず設置し、毎月開催しなければなりません（労働安全衛生法18条）。

　また、製造業等一定の業種の事業場では、安全委員会も設置しなければなりません（同法17条）。この場合、安全衛生委員会として一体的な運用をすることが認められています（同法19条）。

　ところが、安全衛生委員会では何を審議してよいのか議題が見つからないという声をよく聞きます。

　一方、労働基準監督署は、衛生委員会や安全衛生委員会の審議状況を重視しています。自主的な安全衛生管理活動のキモだからです。

　平成24年には、大阪の印刷会社で働いていた人に胆管がんでの死亡者がいたことが報道され、法令改正につながりました。また、過労死等では大きな交通事故発生につながった例がありますし、平成27年の大手広告代理店での過労自殺が業務災害として労災認定されました。

　平成31年には、「働き方改革」の実現に向けて多くの法令改正等

が行われました。さらに、令和元年暮れから令和2年にかけて新型コロナウイルス感染症が世界的な問題となりました。

　職場におけるさまざまな労働災害を防止するためには、安全衛生委員会の役割は重要です。労働基準監督署の立ち入り調査（臨検監督）では、その議事録を必ず見るほどです。

　実は、労働基準監督署の職員が安全衛生委員会等に出席することはあり得ません。国家公務員が一企業の社内行事に参加することはあり得ないからです。筆者は、32年余りの労働基準監督官としての経験に加え、労働衛生コンサルタントとして10年余りの実務経験の中で、幾つかの企業の安全衛生委員会に出席し、求めに応じて助言をしてきました。本書は労働基準監督官としての行政経験に加えて実際に安全衛生委員会に出席した経験を踏まえてまとめたものです。

　労働災害防止のため、効果的な衛生委員会や安全衛生委員会を実現するため、本書をご活用いただければ幸いです。

　令和2年9月

　　　　　　　　労働衛生コンサルタント　村木　宏吉

目　次

◆ 実践編

1. 衛生委員会等の運営 STEP 5

3.　衛生委員会等の活性化事例

[付録]

1.　規程・様式編

規 程

2. 法令・通達編

安全衛生委員会に関する主な法令

安全衛生委員会に関する主な通達

入門編

衛生委員会のきほん10

衛生委員会のきほん10

その1 │ 衛生委員会とは？

 衛生委員会とは、どのようなものでしょうか。

A 常時使用する労働者数が50人以上の事業場では、事業の種類（業種）に関係なく、労働安全衛生法（以下、安衛法）において必ず設置しなければならないとされている委員会です（安衛法18条、同法施行令〔以下、安衛令〕9条）。

その目的は、次の事項を審議し、労働者の健康管理を進めることです（安衛法18条）。

1　労働者の健康障害を防止するための基本となるべき対策に関するこ

と

2　労働者の健康の保持増進を図るための基本となるべき対策に関すること

3　労働災害の原因および再発防止対策で、衛生に係るものに関すること

4　前記１〜３に掲げるもののほか、労働者の健康障害の防止および健康の保持増進に関する重要事項（労働安全衛生規則〔以下、安衛則〕22条）

①衛生に関する規程の作成に関すること

②安衛法28条の２第１項または57条の３第１項および２項の危険性または有害性等の調査およびその結果に基づき講ずる措置のうち、衛生に係るものに関すること

③安全衛生に関する計画（衛生に係る部分に限る）の作成、実施、評価および改善に関すること

④衛生教育の実施計画の作成に関すること

⑤安衛法57条の４第１項および57条の５第１項の規定により行われる有害性の調査ならびにその結果に対する対策の樹立に関すること

⑥安衛法65条１項または５項の規定により行われる作業環境測定の結果およびその結果の評価に基づく対策の樹立に関すること

⑦定期に行われる健康診断、安衛法66条４項の規定による指示を受けて行われる臨時の健康診断、安衛法66条の２の自ら受けた健康診断および安衛法に基づく他の省令の規定に基づいて行われる医師の診断、診察または処置の結果ならびにその結果に対する対策の樹立に関すること

⑧労働者の健康の保持増進を図るため必要な措置の実施計画の作成に関すること

⑨長時間にわたる労働による労働者の健康障害の防止を図るための対策の樹立に関すること

⑩労働者の精神的健康の保持増進を図るための対策の樹立に関すること

⑪厚生労働大臣、都道府県労働局長、労働基準監督署長、労働基準監督官または労働衛生専門官から文書により命令、指示、勧告または指導を受けた事項のうち、労働者の健康障害の防止に関すること

　なお、安全委員会も設置しなければならない事業場の場合、審議内容に安全に関する事項、すなわち、負傷等の防止に関する事項が追加されます。また、両委員会を合わせて安全衛生委員会として運営してもよいこととされています（安衛法19条）。

キーポイント1　「事業場」（じぎょうじょう）

　安衛法や労働基準法が適用される場合の単位となる場所をいいます。

　事業場とは、工場、鉱山、事務所、店舗等のように一定の場所において相関連する組織の下に継続的に行われる作業の一体をいいます。

　したがって、一つの事業場となるかどうかは主として場所的観念によって決定されます。同一の場所にあるものは原則として一つの事業場とし、場所的に分散しているものは原則として別個の事業場とします。

　しかし、同一の場所にあっても、著しく労働の態様を異にする部門がある場合には、その部門を主たる部門と切り離して別個の事業場として捉えることによって法令の適用がより適切に運用できる場合には、その部門は別個の事業場として捉えます。工場内の診療所、自動

車販売会社付属の自動車整備工場、学校に付設された給食場等がその例です。

　また、場所的に分散しているものであっても、規模が著しく小さく、組織的関連、事務能力等を勘案して一つの事業場という程度の独立性のないものは、直近上位の機構と一括して一つの事業場として取り扱います（昭47.9.18　発基91）。

　その例としては、新聞社の通信局やデパートの一角で靴修理や合鍵の作成をしているところ、あるいは駅のホームの売店などです。

　なお、各事業場ごとに衛生委員会や安全衛生委員会を設けなければなりません。

キーポイント2　「事業者」

　衛生委員会や安全衛生委員会を設置・運営しなければならないのは、事業者です。

　事業者とは、「事業を行う者で、労働者を使用するもの」をいいます（安衛法2条）。

　また、安衛法に関する行政通達では、「この法律における主たる義務者である『事業者』とは、法人企業であれば当該法人（法人の代表者ではない。）、個人企業であれば事業経営主を指している」（昭47.9.18　発基91）としています。

　つまり株式会社はもとより、一般社団法人、公益財団法人、学校教育法人、医療法人社団、宗教法人など、それぞれの法人が、安衛法上の責任と義務を有しているものです。

キーポイント3 「衛生委員会と安全委員会」

　衛生委員会は、事業の種類を問わず、常時使用する労働者数が50人以上の事業場で設置・運営をしなければなりません（安衛令9条）。

　安全委員会は、一定の業種および規模の事業場で、常時使用する労働者数がそれぞれの人数以上の事業場ごとに設けなければなりません（安衛令8条）。区分は、次の表のとおりです。

事　業　の　種　類	安全委員会を設置すべき事業場の常時使用する労働者数	衛生委員会を設置すべき事業場の常時使用する労働者数
①林業、鉱業、建設業、製造業のうち木材・木製品製造業、化学工業、鉄鋼業、金属製品製造業および輸送用機械器具製造業、運送業のうち道路貨物運送業および港湾運送業、自動車整備業、機械修理業ならびに清掃業	50人以上	50人以上
②運送業で①以外の業種、製造業（物の加工業を含む）のうち①以外の業種、電気業、ガス業、熱供給業、水道業、通信業、各種商品卸売業、家具・建具・じゅう器等卸売業、各種商品小売業、家具・建具・じゅう器小売業、燃料小売業、旅館業、ゴルフ場業	100人以上	
③上記以外の事業	設置義務なし	

［注］　「じゅう器」とは、什器＝家具・日用雑貨のことです。

Q 衛生委員会は、必ず設置しなければならないのでしょうか。

A 常時使用する労働者数が50人以上の事業場であれば、必ず設置しなければなりません。この人数には、正社員のほか、パートタイマー、アルバイト、契約社員、派遣労働者も含まれます（昭47.9.18　基発602、労働者派遣事業の適正な運営の確保及び派遣労働者の保護等に関する法律45条）。また、交代制勤務を採用している事業場では、その在籍人数でみることになります。

　そして、委員会は毎月1回以上開催し、その議事の概要を労働者に掲示その他の方法で周知しなければなりません（安衛則23条1項〜3項）。

　その1 の キーポイント3 で述べましたように、事業場の業種によっ

て、衛生委員会、安全委員会または安全衛生委員会が設置・運営されますので、以下これらをまとめて「衛生委員会等」と呼ぶこととします。

なお、常時使用する労働者数が50人以上の事業場では、次の事項が安衛法で定められています。

1　総括安全衛生管理者の選任（当該事業場のトップ）

2　安全管理者の選任（安全管理者選任時講習を受講した者等）

3　衛生管理者の選任（衛生管理者免許試験に合格した者）

　　衛生管理者免許には、第一種衛生管理者、第二種衛生管理者と衛生工学衛生管理者の各免許があり、業種と規模等により、免許の区分が限定されているものがあります。

業　種　区　分	衛生管理者に選任することができる者
農林畜水産業、鉱業、建設業、製造業（物の加工業を含む）、電気業、ガス業、水道業、熱供給業、運送業、自動車整備業、機械修理業、医療業および清掃業	第一種衛生管理者免許もしくは衛生工学衛生管理者免許を有する者または医師、歯科医師、労働衛生コンサルタント
その他の業種	第一種衛生管理者免許、第二種衛生管理者免許もしくは衛生工学衛生管理者免許を有する者または医師、歯科医師、労働衛生コンサルタント

［注］「その他の業種」の場合、第二種衛生管理者免許を有する者を衛生管理者に選任することができます。

4　産業医の選任（産業医資格を有する医師に委嘱）

5　衛生委員会等の設置・運営

6　定期健康診断結果報告の労働基準監督署への提出

　前記4で述べた産業医について選任することができるのは、次のいずれかに該当する医師です（安衛法13条、安衛則14条2項）。

1　安衛法13条1項に規定する労働者の健康管理等（以下「労働者の健康管理等」）を行うのに必要な医学に関する知識についての研修であって厚生労働大臣の指定する者（法人に限る）が行う研修を修了した者

2　産業医の養成等を行うことを目的とする医学の正規の課程を設置している産業医科大学その他の大学であって厚生労働大臣が指定するものにおいて当該課程を修めて卒業し、その大学が行う実習を履修した者

3　労働衛生コンサルタント試験に合格した者で、その試験の区分が保健衛生である者

4　大学において労働衛生に関する科目を担当する教授、准教授、常勤講師またはこれらの経験者

5　上記1〜4に掲げる者のほか、厚生労働大臣が定める者

　これらの、産業医資格を有する医師は、各地の医師会で紹介してもらうことができます。また、標準的な費用もそちらで教えていただけるはずです。

キーポイント　常時使用する労働者数

　常時使用する労働者とは、正社員のみならず、パートタイマー、アルバイト、契約社員等雇用形態を問わず、その事業場に在籍する労働者をいいます。

　そして、常時使用する労働者数とは、常態としてその事業場に在籍しているこれらの労働者の数をいいます。交代制勤務を採用している事業場では、そのすべての労働者数となります。

　また、派遣労働者を受け入れている場合には、本来他社の労働者である当該派遣労働者の数も含まれます。

その3 委員会設置までの流れは？

 衛生委員会等を設置するためには、どのように進め
ていけばよいのでしょうか。

A おおよそ次のようなスケジュールになりますが、幾つかは同時
並行して進めてもよいでしょう。

1 事業場トップによる衛生委員会等を設置する旨の表明

2 「安全衛生委員会規程」の策定（規程例については、本書巻末の**「付
録」**168ページを参照してください）

3 議長の任命（当該事業場においてその事業の実施を統括管理する者
もしくはこれに準ずる者のうちから事業者が指名します）

4 委員の任命（委員のうち半数は、労働者側委員です）
委員は、次の者から事業者が指名して構成します。その半数は、労

働者側の推薦に基づく必要があります。

①衛生管理者のうちから事業者が指名した者

②産業医のうちから事業者が指名した者

③当該事業場の労働者で、衛生に関し経験を有するもののうちから事業者が指名した者（人事部や総務部等において労災事故防止、健康管理等の業務に携わったことのある者）

④作業環境測定を実施している作業環境測定士から事業者が指名した者（当該事業場に作業環境測定士がいる場合）

5　委員会の開催

6　安全衛生委員会規程の内容審議（直すべきところがないかどうか）

7　議事録の作成・保存と、周知用の概要を作成し、労働者に掲示等により周知する

8　以後、毎月定期的に開催する

産業医が出席の都合がつかないことから、昨年はほとんど安全衛生委員会を開催できませんでした。どのように改善すべきでしょうか。

安全衛生委員会規程で、委員会の成立要件を「委員の過半数の出席をもって成立する」などと定め、産業医が欠席しても委員会を開催できるようにしておかなければなりません。

なお、産業医には可能な限り出席を求めてください。

その4 委員のメンバー構成は？

労働者側委員？
課長と係長に
やらせればいいだろ

社長が指名しちゃ
ダメなんですよ！

ちゃんと推薦で
決めましょう

① みなさんすみませーん

そんなら橋本さんが
いいんじゃないの

あと町田さんも
しっかりして
そうだし ③

④ よっよろしいですか

すごく嫌そうだな…

 Q 衛生委員会等のメンバー構成はどのようにすべきで
しょうか。

A その3 で述べた委員のうち、議長以外の委員の半数について
は、当該事業場に労働者の過半数で組織する労働組合があるときにおい
てはその労働組合、労働者の過半数で組織する労働組合がないときにお
いては労働者の過半数を代表する者の推薦に基づき指名しなければなり
ません（安衛法18条4項で準用する17条4項）。表で示すと、次ページ
のとおりです。

組　織　状　況　等			労働者側委員の推薦者
労働組合が	ある	当該事業場の労働者の過半数を組織している	その労働組合
		当該事業場の労働者の過半数を組織していない	労働者の過半数を代表する者
	ない		

　筆者が労働基準監督官のとき、この労働者側委員も含めて労働組合等の推薦を受けることなく会社側が指名していた事案がまま見受けられ、法令違反として指摘しました。

　なお、条文では「委員の半数」とありますが、労働者側委員が半数を割らなければよいのであって、半数を多少超えることがあっても差し支えありません。

キーポイント　労働者の過半数を代表する者の選出方法

　労働基準法に定める各種の労使協定もこの労働者の過半数を代表する者との間で締結することが多いものです。その要件は、次のいずれにも該当する者とされています（労働基準法施行規則6条の2第1項）。

1　労働基準法41条2号に規定する監督または管理の地位にある者でないこと。

2　労働基準法に規定する協定等をする者を選出することを明らかにして実施される投票、挙手等の方法による手続きにより選出された者であって、使用者の意向に基づき選出されたものでないこと。

　この「投票、挙手等」の「等」としては、労働者の話し合い、持ち回り決議等労働者の過半数が当該者の選任を支持していることが明確になる民主的な手続きが該当するとされています（平11.3.31　基発169）。

その5 衛生委員会等はいつ、どのくらいのペースで開く？

Q 衛生委員会等の開催時期、開催頻度、所要時間等はどのようにすべきでしょうか。

A 法令上、毎月1回以上開催しなければなりません。

また、衛生委員会等の開催時間は、その開催が事業者の義務である以上、労働基準法上の労働時間に該当します（昭47.9.18　基発602）。

衛生委員会等は、そのときの議題等にもよりますが、1時間程度はかかるというのが筆者の経験です。所定の勤務時間を超える場合には、時間外労働（超過勤務）になります。

なお、特に臨時に開催すべき状況が発生した場合には、議長が招集することになります。この点は、安全衛生委員会規程に定めておくべきです。

Q 衛生委員会等を設置し、１回目を開催しましたが、議題に困っています。どのようなことを議題にすればよいのでしょうか。

A まずは、法令に定められている事項を挙げてください。法令では、次の事項を審議することとされています。

1. 安全委員会（安衛法17条、安衛則21条）

1 労働者の危険を防止するための基本となるべき対策に関すること

2 労働災害の原因および再発防止対策で、安全に係るものに関すること

3 前記１、２に掲げるもののほか、労働者の危険の防止に関する重要
事項

①安全に関する規程の作成に関すること

②安衛法28条の2第1項または57条の3第1項および2項の危険性または有害性等の調査およびその結果に基づき講ずる措置のうち、安全に係るものに関すること（リスクアセスメント）

③安全衛生に関する計画（安全に係る部分に限る）の作成、実施、評価および改善に関すること

④安全教育の実施計画の作成に関すること

⑤厚生労働大臣、都道府県労働局長、労働基準監督署長、労働基準監督官または産業安全専門官から文書により命令、指示、勧告または指導を受けた事項のうち、労働者の危険の防止に関すること

2. 衛生委員会 （安衛法18条、安衛則22条）

1　労働者の健康障害を防止するための基本となるべき対策に関すること

2　労働者の健康の保持増進を図るための基本となるべき対策に関すること

3　労働災害の原因および再発防止対策で、衛生に係るものに関すること

4　前記1〜3に掲げるもののほか、労働者の健康障害の防止および健康の保持増進に関する重要事項

①衛生に関する規程の作成に関すること

②安衛法28条の2第1項または57条の3第1項および2項の危険性または有害性等の調査およびその結果に基づき講ずる措置のうち、衛生に係るものに関すること（リスクアセスメント）

③安全衛生に関する計画（衛生に係る部分に限る）の作成、実施、評価および改善に関すること

④衛生教育の実施計画の作成に関すること

⑤安衛法57条の4第1項および57条の5第1項の規定により行われる有害性の調査ならびにその結果に対する対策の樹立に関すること

（化学物質のリスクアセスメント）

⑥安衛法65条１項または５項の規定により行われる作業環境測定の結果およびその結果の評価に基づく対策の樹立に関すること

⑦定期に行われる健康診断、安衛法66条４項の規定による指示を受けて行われる臨時の健康診断、安衛法66条の２の自ら受けた健康診断および安衛法に基づく他の省令の規定に基づいて行われる医師の診断、診察または処置の結果ならびにその結果に対する対策の樹立に関すること

⑧労働者の健康の保持増進を図るため必要な措置の実施計画の作成に関すること

⑨長時間にわたる労働による労働者の健康障害の防止を図るための対策の樹立に関すること

⑩労働者の精神的健康の保持増進を図るための対策の樹立に関すること

⑪厚生労働大臣、都道府県労働局長、労働基準監督署長、労働基準監督官または労働衛生専門官から文書により命令、指示、勧告または指導を受けた事項のうち、労働者の健康障害の防止に関すること

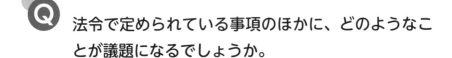

Q 法令で定められている事項のほかに、どのようなことが議題になるでしょうか。

A 季節によって、議題にすべき事項があります。また、安全衛生に関する年間行事予定を参考にする方法もあります。

季節ごとの議題としては、５月ぐらいから多発する熱中症とその予防対策は一例です。また、夏場に多い食中毒も議題とすることができます。

　というのは、社員食堂で提供された食事や、職場でまとめて取り寄せた仕出し弁当が原因の食中毒は、労災保険の業務災害となる可能性が高いからです。しかも、いったん発症した場合には、複数の被災者が発生するのが普通です。

　冬場はノロウイルスやインフルエンザ、通年で新型コロナウイルス感染症などの感染症予防対策も議題にすることができます。

　業務が忙しくて長時間労働が続く場合には、過重労働による健康障害防止対策も議題となるでしょう。定期健康診断の実施時期であれば、その前後の時期に、受診率の向上、未受診者のフォロー、受診結果等が議題となります。パワーハラスメント防止対策も重要です。

　特殊健康診断を実施しなければならない事業場であれば、その有所見率（所見が認められた労働者の割合）についても議題となるでしょう。

　年間行事予定については、「**実践編**」を参照してください。

　季節に関係ないテーマとしては、労働基準行政の重点施策である「過重労働による健康障害防止対策」も取り上げる必要があるでしょう。長時間労働がなくならない事業場では、ぜひとも取り組むべき課題といえます。

　これとの関連では、定期健康診断や雇い入れ時の健康診断の開催、その結果等に関する事項も議題にふさわしいものです。

　必要に応じて産業医に委員会への出席を求め、注意点の説明をしていただくことも有効です。

また、衛生委員会等を設置しなければならない事業場は、それなりの安全衛生管理の仕組みを持たなければならないと安衛法では考えられていますので、労働安全衛生マネジメントシステムの構築についても審議すべきといえましょう。

キーポイント　「衛生って何？」

　「衛生」という言葉は一般には分かりにくいと思います。ILO等で使われているoccupational healthの訳語であり、直訳すれば「職業上の健康」です。わが国では「労働衛生」という言葉も用いられています。これには、次のものが含まれます。

1　食品衛生　食事による食中毒が業務上の災害（労災事故）となることがあります。

2　公衆衛生　病院・診療所、保育園、学校、介護施設等々、職場で感染症に罹患（りかん）した場合、その感染状況によっては、業務上の災害となります。

3　精神衛生　近年、過労自殺をはじめメンタルヘルス不調による精神障害は社会問題といってよいのではないでしょうか。当然、発症の主たる原因が業務であれば、業務上の災害となります。

4　職業性疾病　石綿による中皮腫等、印刷会社の胆管がん、放射線障害、腰痛、情報機器作業による腱鞘（けんしょう）炎その他の職業性疾病の予防も「衛生」の重要な課題です。

　要するに、働く人の健康管理ということです。

その7 | 委員会開催後、その内容の周知方法は？

 衛生委員会等を開催した後で、その概要を労働者に周知する必要があるそうですが、どのようにしてその内容を労働者に周知すればよいのでしょうか。

 まず、周知時期ですが、なるべく早いほうがよいでしょう。

次に周知方法ですが、次のいずれかによることとされています（安衛則23条3項）。

1　常時各作業場の見やすい場所に掲示し、または備え付けること

2　書面を労働者に交付すること

3　磁気テープ、磁気ディスクその他これらに準ずる物に記録し、かつ、各作業場に労働者が当該記録の内容を常時確認できる機器を設置すること

周知用として紙1枚に「安全衛生委員会ニュース」などのタイトルで委員会における議事の概要を書き、職場、食堂や更衣室の掲示板に掲示したり、イントラネット（社内LAN）等で見ることができるようにしておくようにします。回覧でも構いません。

　法令では、その概要を周知することとされていますから、議事の概要と、決定事項があれば「何々について、このように決定された」といったことを書きます。

　定期健康診断の受診率や有所見率（異常が認められた人の割合）を載せるのも有効です。

　季節ごとの産業医のアドバイスを載せるのも効果があります。

その8 | 議事録等は作成する必要があるのか？

Q 衛生委員会等の議事録等は作成する必要があります
か。作成した場合、保存期間は決められているので
しょうか。

A 衛生委員会等を開催した後、委員会における議事で重要なもの
に係る記録を作成して、これを3年間保存しなければなりません（安衛
則23条4項）。

　労働基準監督署の立ち入り調査（臨検監督）の際には、労働基準監督
官は必ずこの議事録を調べ、安全衛生管理についての職場での取り組み
状況を確認します。

　議事録は、あまり詳細なものを作る必要はありません。次の事項が記
載されていればよいものです。

1　出席者名

2　事務局報告事項

　　これは、労働災害発生状況、健康診断受診状況、その結果、本社や労働基準監督署からの指示事項等があります。また、前回から今回までの間に取り組んだ行事等の結果についても報告します。転勤等で委員が交代した場合もここで報告します。

3　各委員、各職場からの報告事項

4　議事の概要

5　産業医からのアドバイス（産業医が出席した場合）

6　来月以降の安全衛生行事予定

7　その他安全衛生に関する事項

8　来月の開催予定日時（確認）

　作成に当たっては、まず、開催時に出席者のサインをもらいます。出席したことの確認です。認印でもかまいません。用紙に委員ごとのサイン欄を作るとよいでしょう。署名までは必要ないと考えられますが、重要事項を決定した場合には、その確認の意味で署名もしてもらうとよいでしょう。

　記録の方法ですが、現在では電子データでの保存が認められています。ただし、労働基準監督署の立ち入りを受け、議事録の閲覧やプリントアウトを求められた場合には、それぞれに応じなければなりません。

[議事録様式例]

安 全 衛 生 委 員 会 議 事 録	回覧	社長	専務	常務	総務部長
出席者　橋本、町田、大口、相原、菊名、中山、山田					

　　　　実施日　　令和○年○○月○○日、午後4時から会議室で実施

　議事の概要
1　事務局提案等
　　来月の定期健康診断の実施について
　　受診率100％達成に向けて

2　災害発生状況等
　　労働災害はこの1カ月間ありませんでした。
　　グループ企業で労働災害が発生しました。（事例紹介）

3　行事の実施状況
　　新任管理者に対する安全衛生教育を○月○日に実施し、3人全員が参加しました。
　　今年の講師は話が有意義だったとの感想が多かった。

4　職場での取り組み状況
　　生産第2課での取り組み状況について発表がありました。消火器の設置場所の表示を大きくし、見やすくなったとのことでした。

5　来月の行事予定
　　○月○日、定期健康診断を実施。
　　職長教育講習に生産第1課から2人を出席させます。
　　来月の安全衛生委員会は、23日（○曜日）午後4時から同じ場所で開催します。

6　その他
　　特になし。

7　職場の回覧月日
　　○○月○○日

委員会で怒った支部長

　ある企業の安全衛生委員会に出席をしたのですが、よくある、あまり意見の出ない委員会でした。ただ、オブザーバーとして出席している各職場の長が、それぞれの職場の取り組み状況を説明するのがよいと感じていました。

　その後、事務局向け、社員向け、パートタイマー向けとそれぞれの安全衛生教育の講師を私が担当し、いかに労働災害防止が重要か、そのためには設備的な改善が重要であることなどを説明しました。また、職階ごとに取り組み内容と職責の違いを説明しました。

　その直後の安全衛生委員会の席で、各職場の長の発言の後、労働者側委員の１人（30代半ばの労働組合支部長）が、少し語気を強め、「すでに決定された事項なのに、いつできるか分からない状況で、安全衛生の取り組みといえますか。期限を切るべきでは」と発言したのです。

　設備の改善が進まないのでは、本当の安全ではないとあらためて感じたのかもしれません。支部長としての責任感あふれる発言と感じました。

　このような率直な発言が出てくるようになると、安全衛生委員会は活性化します。

その9 開催に当たって注意すべき事項とは？

 衛生委員会等の開催に当たって注意すべき事項には、どのようなことがあるでしょうか。

事務局としては、報告事項の資料をあらかじめ用意しておき、配布する資料とプロジェクターなどで投影する資料とに分けておきます。内容によっては両方用意するほうがよい場合もあります。

座席は、ロの字形やコの字形など、お互いの表情が見えるように配置します。テーブルには名札を用意しておき、出席者は席に着く時に名前が他の出席者に見えるようにするとよいでしょう。新型コロナウイルス対策としては、広めの会議室を用意すべきでしょう。

委員会成立の定数を安全衛生委員会規程に定め、定刻になりましたら事務局から「本日は、成立している」旨を発言します。一般的には、委

員の過半数の出席があれば成立することとしているところが多いです。

　次に、議長があいさつをします。

　これまでに発生した災害事例を報告する場合には、被災者のプライバシーを守ることに細心の注意を払うほか、被災者を悪者にしないようにしなければなりません。「被災者のうっかりミスが……」などと言わないことです。

　設備改善等の取り組みの遅れは指摘しなければなりませんが、あげつらうような言い方は禁物です。

　往々にして議長が発言しすぎると、役職の関係から他の委員は発言しづらくなり、委員会は停滞しがちになります。

　ところで、労働組合の推薦による委員の場合も同様ですが、任命された委員に安全衛生に関する知識が不足していると、委員会での発言も控えがちになります。したがって、衛生推進者養成講習や安全衛生推進者養成講習などを受講させるなど、資質の向上を図るようにしてください。職長教育の受講も役立ちます。

　職長教育は、例えば食料品製造業では必要ないとされていますが、筆者は、「法令上必要ないとしても、職場の安全衛生水準の向上には役立つ」ということで、企業に助言する際には、受講させることを勧めています。

　また、他企業の状況を知ることも役に立ちます。地域の労働基準協会等が実施している研修会に、衛生委員会等のメンバーを適宜参加させることで、何らかのヒントを得ることがあるでしょう。

キーポイント1　衛生推進者養成講習等

　最寄りの労働基準協会などで衛生推進者養成講習を実施しています。この講習は、都道府県労働局長に登録した講習機関でないと実施できません。安全衛生推進者養成講習も同様です。前者は1日（5時間）、後者は2日間で、法定の資格が付与されます。いずれも試験はありません。

　また、業種によっては「職長教育」や「安全衛生責任者講習」の受講が必要な場合があります。

　安衛法に関する資格は、都道府県労働局長に登録した講習機関が行うものがほとんどです。特別教育と呼ばれるものは、登録の有無は問いません。

　実施をしている団体の主なものは、次の団体とその支部・分会です。

1　労働基準協会（神奈川県のみ神奈川労務安全衛生協会）

2　建設業労働災害防止協会

3　陸上貨物運送事業労働災害防止協会

4　港湾貨物運送事業労働災害防止協会

5　林業・木材製造業労働災害防止協会

6　日本クレーン協会

7　ボイラ・クレーン安全協会

8　日本ボイラ協会

これらの講習を受講すると、法定の資格が取得できるとともに、衛生管理者免許試験に関する事項についてかなりの勉強ができますので、これから衛生管理者免許試験を受験するためにも役立ちます。

　衛生推進者等の選任を要するのは、常時使用する労働者数が10人以上50人未満の事業場ですから、衛生委員会等を設置すべき事業場での選任は必要ありません。

　しかし、安全衛生に関する知識を得るには手頃な講習と筆者は考えています。

キーポイント2　衛生管理者免許と安全管理者の資格取得

　衛生推進者養成講習（受講時間5時間）を受講した後、各地の労働基準協会等が実施する衛生管理者免許試験受験準備講習（2日または3日コースが多い）を受けると、衛生管理者免許試験を受験するための勉強が進むとともに合格しやすくなります。

　安全管理者は、各地の労働基準協会等が実施する安全管理者選任時研修（9時間）を受講すれば、安全管理者として選任されるための資格が得られます。

　2、3年先の人事異動等を考慮して、あらかじめ有資格者の確保を進めるべきでしょう。

その10 | 欠席者がいる場合の対応は？

Q 委員会に欠席者が出た場合、どのように対応すべきでしょうか。

A まず、委員会開催に当たっては、充足定数を安全衛生委員会規程に定めておくことで、多少の欠席者がいても開催できるようにしておきます。法令上、定足数についての決まりはありませんので、会社として定めておくこととなります。一般的には、委員の過半数の出席により成立するとしているようです。

次に、当該欠席をした委員に対しては、開催内容の周知が必要です。全員周知用の概要ではなく、議事録のコピーを渡すか閲覧できるようにします。そして、次回の委員会期日を教えて出席を促します。職務上の都合で欠席が多いようだと、委員を交代させることも考えなければなりません。

43

実 践 編

1. 衛生委員会等の運営 STEP5

2. テーマごとの運営ポイントと
   配布資料例

3. 衛生委員会等の活性化事例

1. 衛生委員会等の運営 STEP5

■ STEP 1　基本方針の作成と事前準備

[1]委員会の基本方針

　衛生委員会等の基本方針とは、労働災害防止、職業性疾病の予防を目指して事業場として取り組む方針と対策を定め、これに従って行事等の開催と具体的改善策の取り組みを進めることで、その成果として労働者の安全と健康を確保することです。これは、労働者（人）を大切にすることです。

　このことは、単に衛生委員会等の基本方針というよりは、事業場としての安全衛生方針とするべきです。

　また、安全衛生方針を実現するため、後述する「労働安全衛生マネジメントシステム」を構築すべく事業場として取り組むことが重要です。

[2]安全衛生方針

　まず、事業場のトップが会社の方針として取り組むことをすべての労働者に宣言することが重要です。

　なぜなら、会社として「安全第一」といっても、実際には「生産第一」だったり、「品質第一」だったりすることが少なくないからです。

　実は、「安全第一（Safety First）」とは、1900年代初頭に、当時世界

「ゼロゼロ作戦」のこと

　ある鉄鋼関係の本社工場（一部上場企業）に行ったときのことです。工場内のあちこちに「ゼロゼロ作戦」と書かれた掲示板がありました。

　いわく、次のようなものでした。

　　品質の向上をはかり、不良ゼロを！

　　コストダウンを合言葉に、ムダゼロを！

　　納期を守って、遅れゼロを！

　　安全第一で、ケガゼロを！

　私は、「安全第一」を4番目に持ってきているのは、恥ずかしいのでやめたほうがよいのでは、と言いました。しかし、同行していた役職者は「経営者の方針なので」と言って変更はしませんでした。

　経営者自ら、労働者に対し「お前たちの安全は、当社にとって4番目だぞ」と文字で表して恥ずかしくないのでしょうか。当然ながら、その後も労働災害は全く減少しませんでした。

最大の鉄鋼メーカーとされていたアメリカのUSスチール社で始められた取り組みでした。労働災害による休業者のあまりの多さに気づいた経営者が、「安全第一、生産第二」を打ち出し、世界恐慌を乗り切ったのだそうです。

[3]議事進行

　どのような順番で議事を進めるかについては法令等で特に定められていませんが、おおむね次のようになります。

(1)**開会（事務局）**

　定数が充足されていることなど

(2)**議長あいさつ**

　最近のトピック的な事項（マスコミ報道でも構いません）について触れ、自社における取り組みとの比較などを発言するのも役立ちます。

(3)**議事**

①過去1カ月間の安全衛生に関する取り組み状況報告（労働災害が発生した場合には、その概要報告）

②今月の議題

③今後の行事予定

④その他

⑤次回期日の確認

(4)**閉会**

　以上の中で、適宜「質問」を受け付けるようにするとよいでしょう。

[4]**開催の準備**

(1)**シナリオを用意する**

　衛生委員会等を設置した最初の頃は、なるべく事前にシナリオを作っておきましょう。シナリオに沿って進行することで、議事進行をスムーズに行うことができます。また、用意すべき資料や機材が明確になります。事務局の役割分担もはっきりします。

　シナリオとは、誰がどのようなことを発言して議事を進めていくのかの台本です。議事の内容によっては、シナリオどおりに進むとは限りませんが、おおよその流れをつくっておくことが重要です。

[シナリオの例]

発言者等	発言	用意する器材等
事務局 （山田）	定刻となりましたので、安全衛生委員会を始めます。まず、委員定数○名中、本日の出席は○名で、本委員会は成立しています。 〈委員の交代等がある場合には、ここで紹介する。新任委員には、ひと言あいさつしてもらうとよいでしょう〉 次に配布資料の確認です。配布資料は、 〈資料名を挙げる〉 です。 では、議長、あいさつをお願いします。	配布資料 パソコン プロジェクター
橋本議長	皆さんご苦労さまです。先月は、災害がゼロで終わりました。皆様方のご尽力に感謝申し上げます。 今月は、……があるなど、引き続き行事が続きますので、よろしくお願いします。	
事務局 （山田）	事務局から、災害の発生状況とグループ企業の災害発生事例について報告します。 〈以下、資料に沿って説明〉 次に、今月の議事について説明します。 〈議題を説明し、発言を求める〉	
各委員	発言	
事務局 （山田）	では、発表事項に移ります。今月は、ストレスチェックについて衛生管理者の町田さんから発表をお願いします。	
町田委員	厚生労働省のパンフレットに基づいて説明します。 〈以下、説明〉	厚生労働省のストレスチェックのパンフレット
各委員	〈中略〉	
事務局 （山田）	以上で今月の安全衛生委員会を終わります。お疲れさまでした。	

　慣れてくれば、シナリオがなくても議事進行ができるはずです。

　なお、事業場として「安全衛生大会」を実行する場合にも、このようなシナリオを作成すると、その準備も当日の進行もしやすくなります。

⑵パンフレット類の入手

　衛生委員会等で配布するパンフレット類は、最寄りの労働基準監督署で入手可能です。すべて無料です。雇用保険関係や労働者派遣に関するものは、公共職業安定所（ハローワーク）で入手可能です。

　厚生労働省のホームページからダウンロードすることもできます。ダウンロード後は、なるべくカラープリンターで印刷するほうが分かりやすくてよいでしょう。

　また、新型コロナウイルス感染症やSARSのようにマスコミ等で報道された事案については、新聞の切り抜きやネットニュースをプリントアウトしたものを配布するとよいでしょう。災害や事故事例も同じです。

　なお、配布資料は、事前に必要部数あるかどうかを確認しておかなければなりません。

■ STEP 2　職場の問題点を洗い出す

[1]職場の問題点とは

　職場の問題点とは、安全衛生に関する問題点のことです。次のような問題点が挙げられます。

⑴原材料、機械設備関係の問題

①製造し、または取り扱う原材料等が危険有害性を有する物の場合、その危険有害性に対する防護措置が講じられていない

②使用する機械・器具その他の設備（機械等）の起動ボタンが埋頭型（ボタンを強く押し込まないとスイッチが入らない形）でない、あるいは停止ボタンが突頭型（操作しやすいようボタンが周囲から飛び出した形。キノコ形）でない

③機械等の回転軸、歯車、ベルト、プーリー（動力伝導装置の一種）等にカバー（覆い）がない

④高さ２メートル以上の場所に墜落防止の手すり、中桟、幅木等がない

⑤機械等やベルトコンベヤーに非常停止ボタンがない

⑥非常停止ボタンが突頭型でない、あるいは囲いを設けている

⑦機械等の歯または刃の部分に労働者の身体の一部が触れないような防護がない

⑧ヘルメット（保護帽）、墜落制止用器具その他の保護具が老朽化している

――等々。

　これらの問題点が認められた場合には、その危険性・有害性による被害を防ぐための対策が必要となります。この防護措置の必要性を見つけ、その優先度を明らかにします。その代表的な手法がリスクアセスメント（後述57ページ参照）です。

⑵管理的な問題

①作業標準が定められていない

　　作業標準とは、誰もが同じように作業を行うことで、安全にしかも同じ品質のものまたは作業ができるように定められた作業マニュアルです。

②機械等の定期点検実施基準が定められていない

③定期点検実施基準はあるが、そのとおりに点検整備が行われていない

④定期点検を実施した後、必要な補修等が行われていない

⑤作業環境測定が行われていない

⑥健康診断が行われていない

⑦定期健康診断の受診率が低い

⑧ストレスチェックが行われていない

⑨ストレスチェックの実施率が低い

⑩定期健康診断やストレスチェックの結果について、安全衛生委員会で審議されていない

(3)教育的な問題

①雇い入れ時または配置替え時の安全衛生教育が行われていない

②法令に定める特別の安全衛生教育（特別教育）が行われていない

③法令で免許または技能講習を修了していなければならない業務を、無資格者にさせている

④作業標準・作業手順書が守られていない

　特に、問題点の改善提案をパートタイマーなどから上げてもらうためには、「危ないと思った仕事や場所」のほかに、「やりにくい仕事」「つらくてやりたくない仕事」なども提案できる旨を周知する必要があります。これらの提案には、コストダウンにつながることも出てくるでしょう。

「60歳まで生きる従業員はいない」

　20代の後半、東京の下町にある鍛造工場に立ち入り調査に行きました。7月下旬の暑い日でした。工場では、真っ赤に焼けた鉄の塊を5人ほどの労働者が道具を使って回転させながらハンマーと呼ばれる機械でカンカンと打ち付けて製品を作っていました。

　労働者数30人余りの工場でした。壁際には、水道の蛇口が10個ほど並び、その横に塩が10センチほど山盛りとなって置かれていました。冬も暖房は不要とのことでしたが、工場はスレート屋根でした。スレート屋根とは、灰色の厚さ1センチにも満たない波板で、単に雨露をしのぐだけのものですから、夏は屋根が日光で焼けて熱くなり、真っ赤に焼けた鉄を扱う工場でもあることから、冷房をきかせることは無理でした。梅雨明け後のその日は、特に暑いと感じました。

　当時は55歳定年の時代で、工場の労働者のほとんどは、40代後半から50代半ばの方ばかりでした。事務所に戻って健康診断記録を見ると高血圧の方が1人もいなかったので、応対してくれた専務に「こういう汗びっしょりの仕事をすると高血圧の方はいないんですね」と私は言いました。

　それを聞いた専務は、「でも60歳まで生きる従業員はいません」との返事でした。私は、驚きました。でも、若かった私は、それを聞いても「それこそ労災保険の業務災害に当たる」との考えが思い浮かびませんでした。

キーポイント1　作業環境測定

　業務を行っている場所の気温、湿度、騒音、照度（明るさ）、空気中の有害物質の濃度等が作業環境です。測定をしないと分かりません。

　安衛法65条では、一定の作業場（オフィスも含まれます）については、定期的に作業環境測定を行わなければならないこととされています。

[2]問題点の洗い出し

　問題点を洗い出すには、三つの方法があります。

(1)職場パトロール

　まず、衛生委員会等のメンバーや、一定の役職者等による職場パトロールです。労働者側委員の参加も重要です。

　パトロール水準の向上を図りませんと、法令違反が放置されたままとなりがちです。他の職場のものがパトロールをすることで、危険箇所等が見つかることもあります。

　パトロールに参加することで、法令の知識が向上し、必要な改善のための指摘をする能力も向上します。そのためには、それなりの知識、経験を有する人を入れるとよいでしょう。

(2)各職場の労働者からの提案

　次に、各職場の労働者に、毎日の業務の中から問題点を見つけてもらう方法です。これは、衛生委員会等へ出席して発言させるのではなく、提案用紙を提案箱に入れてもらう方法がよいでしょう。多少の賞金（1件当たり1000円未満）を出す方法もあります。

　職場パトロールは、日頃気づいていない問題点を、別の視点から見つ

けられることからかなり有効です。しかし、見落としも生じがちです。

　一方、機械等の防護が不十分といった点は、より多くの労働者の目線のほうが見つけやすいといえますので、これらを組み合わせて日常的に点検するとよいでしょう。

　この場合、時には部外者である労働安全コンサルタント、労働衛生コンサルタント、社会保険労務士等の立ち会いを求めることも有効です。法令を知らないと、法令違反を見つけることは困難ですから、社内の人材を育成するとともに、必要に応じて安衛法に詳しい専門家を活用することが効果的です。

⑶健康診断の結果

　3番目としては、健康診断の結果に着目することです。健康診断項目について異常の所見が認められた人を「有所見者」といいます。一般健康診断や特殊健康診断における有所見者は、職場の問題を表していることがありますので、必要に応じて作業環境測定を実施するなどした上で、根本的な問題点を見つけなければなりません。

　ここで、作業環境測定をするのは、設備的な不具合を発見することが主な目的です。

　というのは、健康診断の結果から、事業場で製造または取り扱っている有害物に関係する所見があるからです。

　例えば、尿検査で有機溶剤や鉛が体内に取り込まれていること（ばく露）が判明することがあります。その場合、作業環境測定を実施することで、それらの有害物の作業場内における濃度分布を把握することが可

能になります。以前より数値が悪くなっていれば、そこで使用している
ドラフト等の局所排気装置や、その他の有害物のばく露防止のための設
備等に問題が生じている可能性があります。その結果、それらの設備を
点検するなどして、問題が生じていないかを確認することになります。

キーポイント2　日本産業規格（JIS規格）

　安衛法は、労働災害防止のための一定の基準を定める法令ですが、
必ずしもすべての分野について細かく規定しているわけではありませ
ん。

　例えば、動いている機械に対する危害防護用のフェンスですが、す
き間のサイズなど細かいことは労働安全衛生関係法令に規定がありま
せん。非常停止ボタンの規格も定められていません。

　この点では、『JISハンドブック72　機械安全』が有効です。日本規
格協会が発行しており、図も入っていますので、職場によってはいつ
でも見て確認することができるように用意しておくべきですし、これ
を基に現場からの問い合わせ等に対応できる担当者を育成しておく
と、なおよいでしょう。

[3]リスクアセスメントの実施

　リスクアセスメントとは、職場の潜在的な危険性または有害性を調査
して見つけ出し、これを除去、低減するため手法です。厚生労働省は、
すべての事業場においてリスクアセスメントに取り組むことを求めてい
ます。安衛法の条文の内容は、次ページの表のとおりです。

条文	リスクアセスメントの対象	実施すべき業種
28条の2	建設物、設備、原材料、ガス、蒸気、粉じん等による、または作業行動その他業務に起因する危険性または有害性等	全業種
	化学物質、化学物質を含有する製剤その他の物で労働者の危険または健康障害を生ずるおそれのあるものに係るもの以外のもの	林業、鉱業、建設業、運送業および清掃業、製造業(物の加工業を含む)、電気業、ガス業、熱供給業、水道業、通信業、各種商品卸売業、家具・建具・じゅう器等卸売業、各種商品小売業、家具・建具・じゅう器小売業、燃料小売業、旅館業、ゴルフ場業、自動車整備業および機械修理業
57条の4	化学物質、化学物質を含有する製剤その他の物で労働者の危険または健康障害を生ずるおそれのあるものに係るもの	全業種

　ただし、現時点では、調査結果に基づき「労働者の危険又は健康障害を防止するため必要な措置を講ずる」ことは努力義務とされており罰則はありません。罰則がないということは、労働基準監督署が検挙しないというだけのことであり、実施しなくてもよいということではありません。

　実際に労働災害が発生し、損害賠償請求訴訟などになりますと、裁判所は、罰則の有無にかかわらず法令に根拠があるかどうかにより賠償額を決定します。

　法令に規定があるのに実行していなかったとなれば、事業者側の責任

が重くなるのです。労働契約法5条の安全配慮義務違反が認定されることになります。

　罰則がないから事業者に実施義務がないわけではありませんので、誤解がないようにしなければなりません。

　なお、被災者側に落ち度が認められれば、過失相殺として賠償額が減額されることもあります。

(1)リスクアセスメントの実施時期

　リスクアセスメントは、法令では次の時期に行う必要があるとしています（安衛則24条の11）。

①建設物を設置し、移転し、変更し、または解体するとき

②設備、原材料等を新規に採用し、または変更するとき

③作業方法または作業手順を新規に採用し、または変更するとき

④上記①〜③に掲げるもののほか、建設物、設備、原材料、ガス、蒸気、粉じん等による、または作業行動その他業務に起因する危険性または有害性等について変化が生じ、または生ずるおそれがあるとき

　このうち④は、新たに危険性や有害性が確認された場合や、これまで自社の労働者で行っていた作業を、正規雇用労働者から非正規雇用労働者に変えるとか、外注化する場合などをいいます。

(2)リスクアセスメントの取り組み方法

　リスクアセスメントでは、職場におけるさまざまな原材料、作業そのもの、機械設備等について、危険性と有害性等を事前に把握し、災害の発生度合いと発生した場合の被害の軽重を勘案して対策の優先順位をつ

59

け、その優先順位に従って、対策を講じます。

　その場合、工程など個々の作業（作業手順ごとに分解したもの）について、次の事項を検討します。作業手順書があるとやりやすいでしょう。

①災害の発生度合い（発生率＝発生するであろう可能性の高さ）

　　ア　時々発生する

　　イ　たまに発生する

　　ウ　めったに発生しない

②被害（負傷等）の程度

　　ア　死亡、重傷

　　イ　入院（休業）

　　ウ　通院で済む程度の負傷

　このように、おおむね３段階に分けて検討します。①②の両方がアに該当するものは、直ちに何かしらの対策を講じなければなりません。両方がウであれば、当面は放置してもよいでしょう。ただし、被害の程度などを軽く見積もると、実際に発生するより大きな災害を防ぐことは困難となります。

　リスクアセスメントそのものは、衛生委員会等で審議するには時間がかかりますから、小委員会を設け、その結果を衛生委員会等に報告するようにしたほうが取り組みやすいでしょう。

　ステップとしては、次のようになります。

---

①労働安全衛生関係法令の違反がないこと（これがスタートラインです）

②危険性または有害性を除去または低減させる（リスクアセスメント）

③工学的対策（機械設備等により危険性または有害性を除去または低減させる）

---

④管理的対策（作業手順に関するマニュアルの整備、危険箇所への立ち入り禁止措置、労働者への教育訓練等）

⑤個人用保護具の使用（なるべく④までの対策によることを優先する）

⑶リスクアセスメントの実行

中央労働災害防止協会をはじめ、各地の労働基準協会等の労働災害防止団体がリスクアセスメント研修会を開催していますので、できるだけ複数の労働者を参加させるとよいでしょう。特に、前述「⑵リスクアセスメントの取り組み方法」の「①災害の発生度合い」と「②被害（負傷等）の程度」の評価をどうするかは、実地研修が必要です。

なお、リスクアセスメントの詳細は、リスクアセスメントに関する専門書籍をご覧ください。中央労働災害防止協会などで発行しています。

⑷労働基準監督署に教わる

根拠となる労働安全衛生関係法令とリスクアセスメント指針に関する事項については、教わることが可能です。ただし、それ以外の実務的な部分は無理と筆者は考えています。

労働基準監督署の職員といえども、リスクアセスメントの実務に携わっているわけではありません。現に、厚生労働省は労働基準監督官に対し「事業場に対して『リスクアセスメントを実施するように』と指導すればよいのであって、どのように実施するかまで職員が知っている必要はない」旨、非公式の指示をしています。

リスクアセスメントの考え方を理解するには実務研修を受けないと難しいというのが現実ですが、労働基準監督署の職員向けの実務研修を実施している例は多くありません。

したがって、実際に実務に取り組むのであれば、前述の外部機関の研修会等を受講させることが有効です。

なお、筆者は以前リスクアセスメントの実務研修を受講したので、以上のように考えているものです。

[4]「労働安全衛生マネジメントシステム」とは

　「労働安全衛生マネジメントシステム」とは、労働災害防止に関する管理体制のことです。

　マネジメントとは、「マネージャー」の言葉からも分かるとおり「管理すること」です。システムとは、「体制」とか「制度」というべきものです。つまり、安全衛生管理体制を事業者として構築し、定期的に運営をしていかなければならないものです。

　労働安全衛生マネジメントシステムは、「OSHMS（オーエスエイチエムエス）」と略されます。これは「Occupational Safety and Health Management System」の頭文字です。

　労働安全衛生マネジメントシステムは、事業者が労働者の協力の下に「計画（Plan）―実施（Do）―評価（Check）―改善（Act）」（「PDCAサイクル」と呼ばれます）という一連の過程を定め、①継続的な安全衛生管理を自主的に進めることにより、②労働災害の防止と労働者の健康増進、さらに進んで快適な職場環境を形成し、③事業場の安全衛生水準の向上を図ることを目的とした安全衛生管理の仕組みということができます。

　わが国では、厚生労働省から「労働安全衛生マネジメントシステムに関する指針（OSHMS指針）」（平11.4.30　労告53）が示されています（巻末**「付録」**188ページ参照）。

　労働安全衛生に関する国際的な基準として、ILO（国際労働機関）においてもOSHMSに関するガイドラインが策定されており、厚生労働省の指針はこれに準拠しています。

　平成30年３月、国際標準化機構（ISO）がISO45001を発行しました。

これは、厚生労働省が公表している「労働安全衛生マネジメントシステムに関する指針」やOHSAS（オーサス）18001（令和3年3月で廃止）と比較して、大きな差異はありません。これらに、「組織の状況」や「労働安全衛生目標及びそれを達成するための計画策定」などのISOマネジメントシステム特有の事項が要求事項となっていることが特徴です。

　ISO45001を日本語に翻訳したものが、JIS（日本産業規格）によってJISQ45001として同年に公表されており、これは国際的にISO45001と同等であることが認められています。したがって、JISQ45001に関して認証を取得すれば、ISO45001の認証を取得したと同等に扱われます。

⑴労働安全衛生マネジメントシステムの取り組み

　衛生委員会等において取り組み事項を審議することから、労働安全衛生マネジメントシステムの取り組みは始まります。

　厚生労働省の指針やILOのガイドラインは取り組みの原則をまとめたものであり、細部について特にこうしなければならないという決められた方法や順序はありません。

　それぞれの事業場（会社等）における安全衛生管理活動の現状を確認し、それに合わせて取り組むべき事項を決め、無理することなく、できるところから構築していくことになります。具体的には、次のような手順で進めていきます。

①トップが自ら直接安全衛生方針を表明し、全労働者に周知する

②リスクアセスメントを実施する。その対象としては、機械設備、作業そのもの、原材料等をはじめとする化学物質等の危険性・有害性を調査する

③リスクアセスメント等の結果を踏まえ、安全衛生方針に基づく安全衛生目標を設定する

④労働安全衛生関係法令、事業場安全衛生管理規程等に基づいて、実施項目を決定する（最低限法令違反をなくす）

⑤安全衛生目標達成のための計画（安全衛生計画）を作成する

⑥安全衛生計画を実行する

⑦安全衛生計画の実施状況を確認するため、日常的な点検と改善を進める

⑧以上の取り組み（システム）が適切に実施されているかどうかを確認するため、システム監査を実施し、必要に応じて改善を進める

⑨システムの妥当性と有効性を確保するため、定期的にシステム全体についての見直しをし、必要な改善に取り組む

⑩上記①から⑨までを繰り返しながら進めていく（PDCAサイクルの実施）

⑵労働安全衛生マネジメントシステムとISO45001の関係

　労働安全衛生マネジメントシステムは、前述のように厚生労働省が示したガイドラインに沿って進めるのが基本といえます。

　一方、国際標準化機構（ISO）は、「9001（品質）」「14001（環境）」を公表した後、「18001（労働安全衛生）」の案（Occupational Health and Safety Assessment System。略称OHSAS〔オーサス〕）を公表しましたが、制定には至りませんでした。

　その後、ISOは平成30年3月にISO45001を発行しました。労働安全衛生マネジメントシステムに関する国際規格です。

　詳細は省略しますが、中央労働災害防止協会が、「JISHA安全衛生マネジメントシステム審査センター」で認証事業を開始していますので、労働安全衛生管理の取り組みの成果という意味と、制度設計とその運営が適切であることの確認として、その認証を受けるとよいでしょう。

STEP 3　具体的な実施項目を決める

[1]実施項目の決定

　衛生委員会等の実施項目については衛生委員会等の基本方針と、事業場における労働災害の発生状況を踏まえて、何を実施すべきかを検討します。

　当然、会社には予算の制限がありますから、検討された実施事項をすべて行うことは無理でしょう。

　そこで、中長期（３年程度）と単年度の安全衛生目標を定め、そのための実施計画を作成します。

　その計画の中にリスクアセスメントを取り込みます。労働災害防止のための対策を講じなければならない事項について、リスクアセスメントの考え方で優先順位をつけ、優先順位の高い事項から実施していくこととします。こうすれば、費用対効果の高い実施項目とすることができます。実施項目は、おおむね次のように分けて考えます。

[2]実施項目

⑴設備的な改善

　設備を改善することで、労働者がうっかりしても負傷しない・病気にならないようにすることが可能となります。これを「本質安全化」といいます。踏切をなくせば踏切事故がなくなる、ということです。原材料等であれば、有害性のある物を有害性がない物に切り替えることがこれ

に当たります。

　事業場内の原料、中間製品、製品や労働者、あるいは搬送車両等の動き（動線）を、なるべく交差しないようにレイアウトすることも有効です。これは、飲食店等でも同じです。また、通行の際の死角（向こう側が見えない曲がり角など）を、ミラーを取り付けるなどして極力なくします。

　設備的な改善が困難な場合、労働者の身体に着用する保護具に頼ることになります。保護具は、安全衛生管理において最後の手段ですから、なるべく保護具に頼らないように設備を改善すべきです。

⑵教育面での改善

　労働者を階層ごとに分けて安全衛生教育を実施します。階層とは、管理職、一般労働者、パートタイマー等の非正規雇用労働者のように雇用形態や就いている業務・役職の区分をいいます。これを分けることで、教育効果を上げることが可能となります。

　分けないで教育すると、初心者に合わせた初歩的な内容とせざるを得ず、中間から上位の労働者には退屈なものとなり、効果が薄れます。

　また、安衛法等に定める資格を有する者とそうでない者とに分けるほか、経験年数で分けるなどの方法もあります。

　対象となる労働者が、これまでどのような安全衛生教育を受けてきたか、それぞれの知識や経験の水準に応じた教育内容とすることが必要です。

⑶管理的な改善

　作業標準の策定が典型です。作業手順書を作成し、定期的に見直しを行います。作業手順書が守られていない場合には、その理由を確認し、労働者の再教育や手順書の改善を行います。

　危険な箇所や有害物を取り扱う場所などに立ち入り禁止措置を講じるのもその一つです。また、健康に有害な業務の場合、短時間で労働者を交代させ、有害な環境にいる時間を制限するという手法もあります。

⑷面接指導の結果等

定期健康診断や長時間労働あるいはストレスチェック等において、医師による面接指導等を実施した場合、その結果を衛生委員会等に報告しなければなりません。これも衛生委員会等において審議事項となります。

なお、個人ごとのデータを取り上げることは避けなければなりません。

STEP 4　行動目標を設定する

安全衛生に関する行動目標を設定するには、「行動をどのようにするか」ということと、「安全衛生の目標をどうするか」に分けて考えます。

[1]「安全第一」の行動

「安全第一」の難しさは、いったん何か起きたときに、工場であれば生産を、工事現場であれば工事を即時停止させることができるかです。

厚生労働省ではしばらく前から「安全文化の醸成」ということを言っています。安全を優先する文化をすべての企業の文化にしましょうということです。

しかし、実際には、機械等の不具合があっても、工場の操業や工事を止めないでそのまま業務を続け、より大きな災害につながっている例が後を絶ちません。そのような要望に応えるためだと考えられますが、非常停止ボタンを作動しにくくするための囲いが売られているのはその一例です。

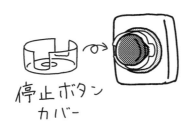
停止ボタン
カバー

　会社としては、機械等に取り付けられている非常停止ボタンが、いざという時に直ちに作動させることができるかどうかを事業場内全体で確認しておかなければなりません。非常停止ボタンのほかにも安全装置を無効化していないかどうかも点検する必要があります。安全装置等についてそのようにしたということは、その職場では「安全第二」か「安全第三」と考えていたわけです。それはなぜかということを解きほぐしていかなければなりません。

　実は、意識的にせよ無意識的にせよ、そのように安全を後回しに考えるように労働者を教育している企業が多いのが実態です。

[2]目標の設定は「ぐたいてき」に行う

　安全衛生目標を設定する場合には、具体的でなければなりません。「ぐたいてき」とは、次のようなことです。

⑴「ぐ」：具体的であること

　抽象的なものは駄目です。「安全管理を徹底する」というものがその例です。これでは、何をどうすればよいのか分かりません。

　実は、労働基準監督官の中には行政指導文書に、「安全管理を徹底すること」と記載する人がいます。「安全管理を今まで以上に徹底すること」という例もあります。労働基準監督官であれば、そのために何をすべきかを具体的に指導しなければならないのに、これでは「私は無能な監督官」と公言しているといわざるを得ません。

⑵「た」：達成可能であること

　達成不可能な目標は、労働者のやる気を失わせます。プロ野球でも、最下位の翌年に優勝した例は過去にありますが、現実的ではありません。監督を引き受けるに当たり、「まずはＡクラス入りを目指す」という堅実な人がいました。実現可能な目標であることは重要です。

⑶「い」：意欲が出るものであること

　ただし、達成可能なだけでは駄目で、その目標を達成しようという意欲が湧くものでなければなりません。目標が具体的であるとともに、「よし、やるぞ」という意欲が労働者に湧くものであることが重要です。

⑷「て」：定量化できるものであること

　定量化・数値化できる目標でなければなりません。しかし、例えば「災害ゼロ」を目標にした場合、年度始めに労働災害が１件発生した途端に、後の期間のやる気が失われてしまわないでしょうか。

　労働災害が年に数件発生しているのであれば、「災害ゼロ」は簡単ではありません。「休業災害を半減させる」とか、負傷の程度を低減させるといった目標のほうが取り組みやすいと思われます。

⑸「き」：記録可能なものであること

　労働災害の件数が典型的です。何件増えたとか減ったとかいうことは簡単です。しかし、仕事が忙しい時期と暇なときとでは総労働時間数が違いますから、単に件数だけの比較でよいのでしょうか。後述（120ページ参照）する度数率や強度率を長期間記録しておくことにより、景気変動を超えた災害発生動向をつかむことが可能となります。

　また、労働災害の発生状況等を記録して保存しておくことは有意義です。後日同種災害が発生した場合や、類似災害が発生したときに、当時の状況との比較ができるからです。前回の対策で、何が不足していたのかの検討も行うことができます。

このようにして目標を設定すれば、その目標をどうやれば実現できるかという観点で、実施計画を立てることができるようになります。計画が先にあるわけではありません。

「安全第一」ということは、2番目は？

「実践編」の初めのほうで（48ページ参照）、ゼロゼロ作戦について述べました。一方、別の一部上場企業の工場では、事務所の入り口のほか工場の至る所に次のような掲示がありました。

安　全　第　一

1　安全はすべての作業に優先する。

2　安全はいかなる業務よりも重要である。

3　安全第一とは当然に生産能率は第二か第三であることを意味する。

4　安全は生産能率の基盤であり安全と能率は決して矛盾することはない。

5　安全はまず作業環境の整理整頓から始まる。

このように、あえて生産第二といったことを明言しないと、労働者から「所詮経営者は口だけだ」と思われがちであり、生産を優先することで不安全行動が多発することになります。

もっとも、中間管理職の人たちが「これらは労働基準監督署に見せるためのポーズ」と考えているようでは、災害を減らすことはできません。

STEP 5　年間スケジュールを決める

　衛生委員会等の「議題が思いつかない」という話を耳にすることがあります。その場合、厚生労働省や中央労働災害防止協会等で、「○○の日」「○○週間」「○○月間」といった行事を定めていますから、これを取り上げるとよいでしょう。

　そのためには、年間スケジュールを毎年度の開始前に作成しておくことが必要です。そうすることで、毎月の議題の設定に頭を悩まさずに済みますし、行事をうっかり忘れてしまうことを防ぐことができます。行事に関連して、スローガンの募集やポスターの掲示等をするかどうかを議題にしても構いません。

　年間スケジュールの詳細は、次ページ以降の**「2.テーマごとの運営ポイントと配布資料例」**を参照してください。

2. テーマごとの運営ポイントと配布資料例

[1]取り上げるテーマ

⑴安全衛生に関する年間行事

　年間の安全衛生に関する行事には、次ページの表のようなものがあります。最初からすべてを行うことは大変でしょうし、また事業場によっては、あまり関係がない行事もあるでしょう。各事業場で必要性を検討の上、できるものから取り組んでください。

　これらのほかに、安全衛生教育や職場の安全衛生パトロール（点検）、定期健康診断、作業環境測定といった事項もその実施時期ごとに、議題として取り上げるとよいでしょう。

⑵業種ごとの取り組み

　業種による取り組みもあります。例えば、運送業においては、事業用自動車事故防止コンクールといった行事が行われていることもありますから、それらを取り上げることも必要です。ある会社では、毎年このコンクールのステッカーを全車両に貼付していましたが、ほとんどの労働者がその意味を理解していなかったことがありました。それでは効果がありません。

⑶ポスターの掲示

　行事によっては、主催団体を中心にポスターが販売されますので、その掲示について議題にするのも一法です。例年、ポスターの掲示が行われているのであれば、その行事に関する取り組みを取り上げるとよいでしょう。また、社内でポスターを作るのもよいでしょう。

　全国安全週間と全国労働衛生週間は、その前月（６月１日と９月１日）から鉄道駅などでポスターが掲示されています。通勤時に見過ごし

ていた人も、衛生委員会等で言及することで気が付くようになるものです。

月		行　事　例
1月 （年末 年始）	12月1日〜1月15日	年末年始無災害運動
	12月10日〜1月10日	年末年始の輸送等に関する安全総点検
	1月15日〜21日	防災とボランティア週間
2月	2月1日〜28日	省エネルギー月間
	2月1日〜3月18日	サイバーセキュリティー月間
3月	3月1日〜7日	春季全国火災予防運動
	〃	車両火災予防運動
	〃	建築物防災週間
	3月1日〜8日	女性の健康週間
4月	4月6日〜15日	春の全国交通安全運動
	4月7日	世界保健デー
5月	5月31日	世界禁煙デー
	5月31日〜6月6日	禁煙週間
6月	6月1日〜30日	全国安全週間準備期間
	〃	男女雇用機会均等月間
	〃	土砂災害防止月間
	〃	外国人労働者問題啓発月間
	〃	環境月間
	6月1日〜7月10日	労働保険年度更新申告期間
	6月4日〜10日	歯と口の健康週間（4日は虫歯予防デー）
	毎年6月第2週	危険物安全週間
	6月10日〜16日	火薬類危害予防週間
7月	7月1日	国民安全の日
	7月1日〜7日	全国安全週間
	〃	全国鉱山保安週間
	7月1日〜31日	熱中症予防強化月間
	7月10日	労働保険年度更新申告期限

8月	8月1日～31日	電気使用安全月間
	〃	食品衛生月間
	8月30日～9月5日	防災週間、建築物防災週間
9月	9月1日	防災の日
	9月1日～30日	全国労働衛生週間準備月間
	〃	心とからだの健康推進運動
	〃	健康増進普及月間
	〃	全国作業環境測定・評価推進運動
	9月9日	救急の日
	9月10日～16日	自殺予防週間（10日は自殺予防デー）
	9月21日～30日	秋の全国交通安全運動
	9月24日～10月1日	環境衛生週間
	9月30日	クレーンの日
10月	10月1日～7日	全国労働衛生週間
	10月1日～31日	体力つくり強調月間
	〃	健康強調月間
	10月10日	目の愛護デー
	10月17日～23日	薬と健康の週間
	10月23日～29日	高圧ガス保安活動促進週間
11月	11月1日～30日	特定自主検査強調月間
	〃	ゆとり創造月間
	〃	労働保険適用促進強化期間
	〃	職業能力開発促進月間
	〃	品質月間
	11月5日	津波防災の日
	11月8日	ボイラーデー
	11月9日～15日	秋季全国火災予防運動
	11月10日	技能の日
	11月25日を含む1週間	医療安全推進週間
12月 （年末 年始）	12月1日～翌年1月15日	年末年始無災害運動

　なお、これらの行事について衛生委員会等の議題とする場合には、少なくとも2カ月前には取り上げておかないと、実際の取り組みが困難になります。

[2]運営ポイント

(1)テーマごとの担当者決め

　一般に、行事に合わせてテーマを決めることが多いと考えられます。その場合、あらかじめテーマごとに担当者を決め、委員会の場で発表してもらいます。担当者ごとに発表してもらうことに意義があります。

　委員会に単に出席しているだけでは駄目だということを各委員に自覚してもらうということがまずあります。また、あらかじめ示されたテーマについて調べることで、委員の安全衛生意識が変わり、知識水準が向上します。

(2)職場へのフィードバック

　各委員は、衛生委員会等の中だけで活動するのではありません。審議された内容について、自分の職場へのフィードバックが必要です。もちろん、会社は会社として職制を通じてその周知を図り、取り組みを進めることになります。

　その結果、衛生委員会等の委員を中心に事業場全体として安全衛生意識の水準が向上します。

　その後、当該事業場における労働者の安全衛生意識の水準が向上していくこととなります。

　また、各職場での取り組み状況や好事例について発表をしてもらうことも効果があります。この場合、委員でない職場の長の出席を求めるなどの工夫が必要です。

[3]委員会でよく審議されるテーマ45とそのポイント

⑴安全関係

✎ テーマ1　機械等の防護（安全カバー等）

Point

◆本質的対策

　危険作業をなくしたり、見直したりして、仕事の計画段階からの危険の除去または低減の措置を取ります。原材料等が危険・有害な物であれば、無害な物あるいは危険・有害性がより低い物に変えることなどがあります。

◆工学的対策

　機械・設備の防護板の設置・作業台の使用や局所排気装置などの設備的対策を行います。

◆管理的対策

　教育訓練・作業管理、立ち入り禁止区域の設定等の管理的対策を行います。

◆個人用保護具の使用

　保護手袋・保護帽（ヘルメット）や防毒マスクなど個人用保護具を使用します。

✎ テーマ2　機械等の定期自主検査、作業開始前点検

Point

◆本質安全化とは

　機械等の危険な箇所にカバー（覆い）を設けるなどして身体の一部が挟まれることがないようにするとか、有害な原材料の使用を無害な物に代えるなどすることを本質安全化といいます。鉄道において、踏切をなくすことで踏切事故を皆無にするのと同じことです。

◆工学的対策

　扉を閉めないと機械が動かないようにするなど、安全装置をきちんとすることや、有害な原材料を使用する場所に局所排気装置（掃除機を大きくしたような吸い込み装置。ドラフトもその一種）を設けることで、有害物を作業者が吸い込む可能性をゼロに近づけることをいいます。

　エレベーターでは、すべての扉が閉まっていないとカゴ（搬器）が動かない、扉の位置にカゴが来ない限り扉を開けることができない、という安全装置があるので、安心して乗ることができるわけです。

　当然ですが、安全装置や局所排気装置が有効に機能しているかどうかを確認するための定期点検は重要です。

◆管理的対策

　例えば、身体の一部に負担がかかる作業については、交代制により1人当たりの作業時間を制限する方法があります。健康に有害な業務にも応用できます。

　また、作業手順を定め、そのとおりに実施すれば誰がやっても安全かつ品質の確保ができるようにするという対策もあります。

　危険箇所や騒音の大きな区域等に立ち入り禁止区域を設定することも管理的対策の一種です。

◆個人用保護具の使用

　個人用保護具とは、労働者が身に着けることで危険・有害な作業による被害を防ぐものです。保護帽（ヘルメット）、墜落制止用器具（安全帯ともいいます）、不浸透性の作業衣、保護手袋、防じんマスク、防毒マスク、安全靴、保護前掛け、耐熱服など多種多様なものがあります。安全衛生確保対策としては最後の手段です。

　というのは、着装する労働者にとって身体的な負担があるということと、着装方法に誤りがあると十分な保護機能が発揮されないためです。

✎ テーマ3　非常停止装置関係

Point

◆非常停止ボタンの義務づけ

　コンベヤーや産業用ロボットなどの機械に労働者の身体の一部や衣服などが挟まれたり巻き込まれたりした場合、キノコ形をしている非常停止ボタンを押すことで急停止させることができます。一定の機械等には、設置が義務づけられています。

　ところが、ボタンの頭が飛び出ていることから、通行の際やちょっとした労働者の動きで非常停止ボタンに触れてしまい、機械等が停止してしまうことがあります。

◆非常停止ボタンの形式

　そこで、現場の工夫として非常停止ボタンの周りに囲い状の物を設けて、非常停止ボタンを押せなくしていることがあります（68ページの図を参照）。これは、生産第一、安全第二の考え方です。災害が発生した場合に、より大きな被害につながる可能性がありますので、ボタンの位置を変えるなどの工夫が必要です。

✎ テーマ4　起動、停止スイッチ

Point

◆起動スイッチ

　起動スイッチは、原則として埋頭型といい、スイッチの頭が平らな状態か囲いまたはリングを設けることにより、押し込まなければならない構造とします。

　これに対し、停止スイッチは突頭型といい、頭が飛び出している形にします。

◆非常停止スイッチ

　非常停止スイッチは、赤でキノコ形とし、根元は黄色のリング状に表示します。なるべくなら、そのそばに赤文字で「非常停止」の表示を目立つようにしておくとよいでしょう。

起動　　　　非常停止
（埋頭型）　（突頭型）

埋頭型と突頭型
（入）　　（切）

✎ テーマ5　機械等の運転に関する資格（免許、技能講習）、特別教育等

Point

◆機械等の運転や有害作業に関する資格

　一定の機械等の運転業務、一定の危険・有害な作業については、安衛法に定める免許を有する者でなければ就かせてはならないこととされています。

　また、作業主任者を選任しなければならない作業も定められています。作業主任者の資格は、免許が必要なものと技能講習修了証でよいものとがあります。そのほかに、技能講習を修了した者でなければ就かせてはならない業務があります。また、特別の安全衛生教育（特別教育）を行った（受けた＝修了した）者でなければならない作業も定められています。

◆有資格者の確保

　これらの資格を有する者は、転勤・定年退職等により欠員となること

がありますので、あらかじめ補充を考えておく必要があります。

　また、フォークリフトの運転業務や玉掛けの業務のように、当該資格を必要とする機械等の数以上の有資格者を確保しておく必要があるものがあります。有資格者の欠勤や休暇の取得等を考慮するとともに、交代制勤務の場合には、それぞれの勤務時間帯で必要人数を確保する必要があります。

✎ テーマ6　作業主任者の選任

Point

◆作業主任者の周知

　作業主任者とは、免許または技能講習修了によりその資格を得ることができます。当該作業箇所に1人いればよいこととされています。

　また、作業主任者の氏名およびその者に行わせる職務を作業場の見やすい場所に掲示する等により、関係労働者に周知しなければならないこととされており、そのための掲示板は市販されています。

◆作業主任者が複数いる場合

　当該作業箇所に複数の有資格者がいる場合、誰が作業主任者としての指揮を執るか、指名をしなければなりません。単に資格者がいればよいわけではありません。その職務も法令で定められています。

◆作業主任者の選任業務が複数ある場合

　作業主任者の選任を要する業務があちこちにある場合、1人の作業主任者がどの範囲を担当するかも、あらかじめ定めておく必要があります。

✎ テーマ7　感電防止対策

Point

◆感電防止用漏電遮断装置の設置

　電気使用設備のない職場はないと思います。電気が人体を流れると感

電災害となります。感電災害のほとんどは100ボルトの電路で起きています。これを防ぐためには、配電盤の各系統に感電防止用漏電遮断装置を設けることです。動作電流30ミリアンペアで高速型のものが主流です。

　古い工場などですと、これが設けられていないことが時々あります。また、漏電による感電災害を防止するため、電動機械器具にアースを接続する必要があります。

column コラム	アース（接地）と粉じん爆発

　筆者が関わっているある食品加工会社では、職場パトロールの際に、アースの接続について筆者が細かく指摘をしてきました。会社としては、ややうるさく感じていたかもしれません。

　翌年、その会社のある事業所で原料の小麦粉が爆発的に燃焼（爆燃）したそうです。食品加工会社では、工程の不具合等を見つけるため、あちこちに防犯カメラを設置して記録していることが多いのですが、その会社でも同様でした。防犯カメラにほとんど爆発といってよい状況が録画されていたそうです。タンクにアースは接続していたのですが、断線していたことが後日判明したそうです。

　それ以来、その会社では機械等やタンク類へのアースの接続と、それが有効かどうかのチェックをするようになりました。

　その関連会社では、その後その災害のことを知り、アースが有効かどうかはどのようにして知るのかと筆者に質問されました。「電気関係の業者に依頼して機械等やタンク類のアースの部分で接地抵抗値を測れば、断線しているかどうか分かります」と答えました。年1回程度でよいので、定期的な測定が望ましいものです。

◆アースの接続

　電動機械器具とは、モーターを内蔵する機械器具のことです。実は、ご家庭内でも洗濯機・乾燥機、エアコン、電子レンジ、食器洗い乾燥機、洗浄便座など、アースの接続が必須となっているものがあります。

　残念ながら、事業場においてこの点をきちんとしているところばかりではないのが現状です。

　小麦粉・デンプン・粉糖などは、空気中に舞った状態で点火源（電気火花や静電気の火花等）があると爆発的に燃焼する爆燃を起こすことがあります。タンク等にアースを接続することと、アースが有効であるかどうかを定期的に確認する必要があります。

✎ テーマ8　飛来落下物災害防止対策

Point

◆飛来落下物災害の防止対策

　上から物が落ちてきて労働者が被災することを飛来落下物災害と呼んでいます。労働災害の中では第3位を占めています。

　上下作業の禁止とともに、基本的に上方の作業床（「さぎょうしょう」と呼びます）の床面に道具や材料を置かないようにすべきです。また、上方の労働者が乗っている作業床のふちに高さ10センチメートル以上の幅木（床面の端に垂直に設ける板）を設けることが有効です。

✎ テーマ9　墜落災害防止対策

Point

◆作業床の設置

　高いところから、あるいは深いところに向かって労働者が落ちることを墜落災害といいます。

基本的には足場を組み立てる等により作業床を設置することが重要です。

◆作業床を設置できない場合

作業床を設置できない場合には、労働者に墜落制止用器具（安全帯）等を使用させることで、墜落防止対策とします。しかし、墜落制止用器具（安全帯）でぶら下がった状態になったとき、被災労働者を助け上げることは2人では困難です。

また、保護帽は「墜落時保護用」の型式検定に合格したものを使用する必要があります。墜落時保護用の保護帽は、発泡スチロール製のライナーが入っているものが主流でしたが、最近これのないタイプが製造・販売されています。

◆機械等や屋上の設備等の上に上がるには

機械等や屋上の設備等の上に上がるため、垂直はしごを設けていることがありますが、階段を原則とすべきです。階段を設置できない場合には、垂直はしごを猿はしご（円形のリングを設け、労働者の手が離れたときに背もたれになって墜落を防ぐもの）にし、足を載せる部分は丸パイプではなく、角形断面を有するものとすべきです。

昇降時に上下方向の墜落を防ぐロリップ式墜落制止用器具を併用することも有効です。ロリップ式墜落制止用器具とは、垂直に設けた親綱に取り付ける金具を切り替えることで、上昇または下降の場合には自由に動き、墜落時には自動車のシートベルトのようにロックが掛かるものです。

◆法令上の墜落防止対策

法令では、高さまたは深さが2メートル以上の場所での作業について墜落防止対策を講じるように規制をしています。しかし、2メートル未満であっても墜落災害は発生していますから、墜落の危険がある場所に

は、作業場所の高さにかかわらず85センチメートル以上の高さの手すり
と中桟と幅木を設けるようにすべきです（安衛則563条）。

✏ テーマ10　火災・爆発災害防止対策

Point

◆消火器の設置と点検

　火災は、さまざまな職場で発生しています。消火器の設置と点検が重
要です。消防法では、それぞれの職場の状況に応じて消火器の設置基準
が定められています。

　ところが、通常の作業時には消火器は邪魔です。作業に関係ないから
です。一方、火災発生時にはどこにあるかが分からないと初期消火に支
障が出ます。その勘案が重要です。

　消火器は、一定の使用年限が定められていますから、定期的に点検し、
いざという時に使えないことがないようにしておく必要があります。

◆粉末消火器

　現在は、普通火災、油火災と電気火災に対応する粉末消火器が主流です。

　粉末消火器は、気温20度の時に約15秒間放射されます。これを過ぎて
消火できなければ、火は燃え広がる一方となります。消火訓練も必要で
しょう。

◆危険物等を製造・取り扱う場合

　小麦粉、木炭粉やアルミニウム粉等の可燃性粉じんと、可燃性のガス、
引火性の液体、酸化性の物などが、火災防止において重要な原材料等と
なります。安衛令別表第１に掲げる危険物等を製造し、または取り扱う
場合には、火災・爆発防止対策が必要です。

◆漏電遮断器の設置やアースの接続

　爆発は、前述の粉じん爆発のほか、薬品類が混ざることで発生するこ

ともあります。薬品類の中には、禁水性のものがあります。水を掛けるとさらに激しく燃える物です。ナトリウムやリチウムなどの軽金属その他のものがあります。

静電気や漏電の火花が点火源となることがありますから、漏電遮断器の設置やアースの接続が重要な対策となります。場所によっては防爆構造の電気機械器具等を使用しなければなりません。

◆安全データシートの確認

製造しまたは取り扱う原材料等について、安全データシート（SDS）を見れば、これらの危険・有害性とその防止対策が分かります。身体に付着した場合などの応急処置の方法も記載されています。

✎ テーマ11　火傷防止対策

Point

◆調理場

調理場では火や熱湯などによる火傷が少なくありません。飲食店だけでなく、食料品製造工場でも発生しています。

◆鋳物工場・鍛造工場等

鋳物工場や鍛造工場などでは溶けた金属（湯）や赤熱した金属を扱います。また、金属溶解炉では「突沸（とっぷつ）」といって水蒸気爆発により溶解炉から熱風が吹き出すことがあります。

◆ガラス・陶磁器工場

ガラス・陶磁器工場でも高熱物を取り扱いますから、保護具の着用のほかにも火傷防止対策が必要です。

◆硫酸、塩酸等の化学薬品

硫酸、塩酸等の化学薬品が身体の一部に接触することによる火傷（薬傷）の防止対策も必要です。身体に付着した場合の基本は、大量の水で

洗い流すことです。

◆腐食性液体

　アルカリ類のような腐食性液体を取り扱う場合にも、身体に接触しないような対策が必要です。身体に付着した場合には、大量の水で洗い流す必要があります。

◆送給する場合

　パイプラインでこれらの物を送給する場合、送給圧力により吹き出し口や接続部から漏れ出して労働者にかかることがあります。

　災害が発生した場合の応急措置は重要ですが、まずは防止対策です。

✎ テーマ12　切創防止対策

Point

◆切創

　切創は、労働者が手に持っている刃物類で反対側の手などを切ってしまう場合と、鉄板を切断した際のバリ（材料を加工する際に発生する突起）でこれを持った手を切るなど、材料による場合があります。食品加工工場などでは、加工機械の歯や刃の部分に手が触れるなどして負傷することがあります。身体の一部が触れないようカバーを設けることを基本とし、点検・調整の際には、機械等を停止させて行うことを徹底しなければなりません。

◆手袋の使用

　最近は、手袋の種類によって刃物による切創を防ぐものがあります。ただし、丸のこなどの歯は、軍手を巻き込んで指を引きちぎるなどしますので、手袋の使用は注意が必要です。ボール盤やかんな盤などの回転する刃物については、法令で手袋の使用が禁止されています。

✎ テーマ13　つまずき・転倒災害防止対策

Point

　つまずき・転倒災害の発生原因は二つに大別できます。

◆床面等の突起や段差

　一つは、床面等の突起や段差です。事業場内の点検で、これらをなくすことが根本対策です。滑りやすい床面等も改善を要します。

◆労働者の高齢化

　二つ目は、労働者の高齢化等により擦り足になることです。特につま先を床に擦りながら歩く方は、つまずきやすいといえます。脚力強化の１分間体操を実施するなどの対策が必要です。近年販売されている安全靴は、つまずき予防の観点でつま先が上に反っているものが主流です。

✎ テーマ14　交通労働災害防止対策

Point

◆労災保険給付

　交通事故は、自賠責保険（自動車損害賠償責任保険＝強制保険）と自動車保険（任意保険）が普及していますが、労災保険と密接な関係があります。

　業務として自動車等を運転中に発生した交通事故は、労災保険給付の対象となります。また、労働基準監督署では業務上の災害として扱われます。

　職場と住居との間の事故は、通勤災害とされ、これも労災保険から給付されます。ただし、通勤であっても業務の性質を有するものについては、業務上の災害として扱われます。

◆交通労働災害防止のためのガイドライン

　病院での治療に先立ち、保険会社は「労災先行」の手続きを取るよう

に被災者にいうのが通例です。そうしないと、保険会社が医療機関に支払う医療費が高額化することから、これを防ぐためです。交通事故で負傷した場合、自動車保険だけで済まないことが一般的です。

　厚生労働省では、「交通労働災害防止のためのガイドライン」を公表していますので、これに基づく対策を取る必要があります。

　工場や物流センターなどですと、構内を一方通行とし、トラックなどの動く方向を限定しています。自動車同士が鉢合わせにならないことで交通事故を防ぎますし、通行もスムーズになります。

　また、構内では、人と車の通行区分を設け、車路を労働者が歩かないようにすることも、自動車と人との接触事故を防ぎます。

◆自動車運転者の労働時間等の改善のための基準

　業務で自動車を運転する労働者については、貨物自動車、バス、タクシーとハイヤーを主な対象に「自動車運転者の労働時間等の改善のための基準」（平元.2.9　労告7）が告示で定められています。その内容は、国土交通省における運送事業免許にも関係していますので、これに反しないような勤務態勢を取らなければなりません。

✎ テーマ15　階段の安全対策

Point

◆踏み面の奥行き、蹴上げの高さ

　階段は、建物にはつきものです。足を載せる部分を踏み面、踏み面と次の踏み面との高さを蹴上げといいます。踏み面が一定の奥行きを有し、蹴上げが高すぎないことが重要です。踏み面が一定し、蹴上げが均等であると、つまずき等を防ぎ、歩きやすい階段になります。

◆右側通行か左側通行か

　なるべくなら、階段を右側通行か左側通行に決めてその旨の表示をす

ることが、人の衝突を防ぎます。手すりもあるほうがよいでしょう。

時に踏み面のふちにある滑り止めが破損していることがありますので、速やかに補修しなければなりません。

◆階段が長い場合

階段が長い場合には、適宜踊り場を設けなければなりません。

◆扉が設けられている場合

上り切った場所や下りきった場所に扉が設けられている場合には、その開く方向は階段から見て外側にするか、引き戸（観音開きではなく横開き）とすべきです。

向こう側に開く扉で窓がない場合、開く側に人がいる場合に備え、ノックをしてから開けるなどの対策が必要です。そのためには「ノックしてから開けること」等の表示が必要です。

✏ テーマ16　その他の安全対策

Point

◆挟まれ巻き込まれ災害

挟まれ巻き込まれ災害といい、機械等に挟まれたり巻き込まれたりする災害も多く発生しています。

職場で使用している機械等について、そのような危険性がないかどうかを検討する必要があります。防止対策は、危険箇所にカバーを設けることです。

◆リスクアセスメント

これまで述べてきた種々の危険・有害性の程度を検討し、その対策を講じる優先順位を付ける手法を「リスクアセスメント」と呼んでいます。安全面と労働衛生面（健康確保）で考えなければなりません。

建設物や機械等、あるいは原材料等を変更したり、新たに設備や原材料

等を導入したりする場合などに、リスクアセスメントを行う必要があります。事前に危険・有害性を調査し、必要な防止対策を講じるものです。

(2)衛生関係

 テーマ17　有機溶剤等

Point

◆有機溶剤等

　有機溶剤とは、トルエン、キシレン、メタノール、アセトン、酢酸エチル、メチルエチルケトン（MEK）等をいいます。これらは塗料、接着剤、印刷用インク、洗浄剤その他に含まれています。大半がこれらを含む物という形で使用されていることから、有機溶剤等と呼んでいます。

　有機溶剤等は、肺から体内に取り込まれる場合と、皮膚から吸収される場合があります。いずれも労働者の健康障害の原因となりますから、それを防ぐ必要があります。

　実は、大人の皮膚の表面積はおよそ畳1枚分であるのに対し、肺の表面積は約100平方メートル（10メートル四方）あります。しかも、空気中の酸素と体内で発生した炭酸ガスを交換するために血液が空気と接触しています。そのため有機溶剤などの蒸気は、肺に入ると直ちに血管に侵入します。有害物を呼吸で取り込まないようにすることは重要です。

◆有機溶剤を含有しない物に変更

　対策の基本は、有機溶剤を含有しない物に変更することです。これができない場合には、その蒸気の発生源を密閉する設備や局所排気装置等の設備的な対策を講じることとなります。

◆労働基準監督署への報告

　有機溶剤作業主任者の選任、有機溶剤に関する作業環境測定の実施と

その結果に関する評価、有機溶剤健康診断の実施とその結果を労働基準監督署に報告することが必要です。

　局所排気装置等については、その設置工事の30日前までに労働基準監督署長に計画届を提出しなければなりません。

◆火災・爆発災害防止対策

　有機溶剤のほとんどは引火性の液体であるため、火災・爆発災害防止対策も重要です。

✎ テーマ18　特定化学物質

Point

◆特定化学物質

　特定化学物質とは、製造しまたは取り扱うのに厚生労働大臣の許可が必要な第一類物質と、許可は必要ありませんが発がん性物質であるホルムアルデヒド、エチレンオキシド、クロム酸及び塩等の第二類物質と、塩化水素・硫酸・硝酸・一酸化炭素・アンモニア等の第三類物質があります。

　近年、冷凍庫や冷蔵庫の冷媒（冷たさを作り出す物）に、以前のようにアンモニアを使用するものが増えてきました。

◆労働基準監督署への報告

　有機溶剤以上に健康に有害なものが多いので、特定化学物質作業主任者の選任、その発散源を密閉する設備または局所排気装置等の設備的な対策、作業環境測定（第三類物質を除く）の実施とその結果に関する評価、特定化学物質健康診断（第三類物質を除く）の実施とその結果を労働基準監督署に報告することが必要です。

◆性状に応じた設備の設置・管理

　なお、有機溶剤等はすべて常温で液体ですが、特定化学物質には、固

体、液体、気体の物があります。それぞれの性状に応じた設備の設置・管理が必要です。

✎ テーマ19　粉じん

Point

◆法律で規制されている粉じん

　安衛法が規制している粉じんとは、土石、鉱物、金属または炭素の粉じんです。粉じんとはほこり状の固体をいい、粒径が0.1ミリメートル以下のものをいいます。

　肺に入ると、細かいものほど肺にたまりやすく、長い間にじん肺や肺がんの原因になることが分かっています。また、これらの疾病は現在の医学では治すことができません。

◆健康障害防止対策

　粉じんによる健康障害防止対策は、発散源を密閉する設備または局所排気装置の設置等、設備的なものが基本です。湿潤化することも粉じんの発散を防ぐので有効です。

◆作業主任者の選任

　粉じんについては、作業主任者の選任は要しませんが、特定粉じん作業に従事する労働者には特別教育が必要です。

　特定粉じん作業とは、固定的設備による粉じん作業のことです。

◆労働基準監督署への報告

　屋内作業場については作業環境測定の実施とその結果に関する評価、じん肺健康診断の実施とその結果を労働基準監督署に報告することが必要です。局所排気装置等については、その工事着手の30日前までに労働基準監督署に計画届を提出しなければなりません。

✎ テーマ20　鉛

▎Point

◆鉛中毒予防

　鉛は、RoHS（特定有害物質使用制限）指令により、徐々に使用されなくなってきています。ハンダも鉛ゼロのハンダが主流となっています。とはいえ、自動車などに使用されている鉛蓄電池をはじめ、わが国ではまだまだ使用されています。

　鉛中毒予防のため、鉛中毒予防規則により特定化学物質と同様の規制があります。

◆クリスタルガラス

　クリスタルガラスは、ガラスに鉛を混入して作りますが、溶融温度と含有量により鉛中毒予防規則の適用を受けない場合があります。

✎ テーマ21　電離放射線（除染等業務を含む）

▎Point

◆電離放射線

　電離放射線とは、アルファ線、ベータ線、ガンマ線、エックス線、中性子線と陽子線が規制対象とされています。がんをはじめとする職業性疾病の原因となります。

　現在、橋梁、鉄塔その他の金属製品に対する非破壊検査のほか、食料品製造業では異物混入を防ぐ目的でエックス線装置による透視が行われているのが普通です。食料品製造業で使用されるものや空港での手荷物検査に使用されるエックス線装置は、外部に放射線が漏れない構造となっており、エックス線装置を労働基準監督署に届け出ることと定期自主検査のほかには規制がありません。

◆エックス線装置やガンマ線透過写真撮影装置

　工場や工事現場などで使用されるエックス線装置やガンマ線透過写真撮影装置については、厳重な規制がされています。

　作業主任者の選任、作業に従事する労働者に対する被ばく線量の測定と記録の保管、特殊健康診断の実施などです。

◆核燃料製造工場や除染等における業務

　核燃料製造工場における業務についての規制や、福島県を中心に行われている除染等業務に関する規制も法令に設けられています。

✎ テーマ22　特殊健康診断

Point

◆特殊健康診断を行う業務

　安衛法で特殊健康診断を実施しなければならないとされている業務は①高気圧業務、②放射線業務、③特定化学物質業務、④石綿業務、⑤鉛業務、⑥四アルキル鉛業務、⑦有機溶剤業務となっています。

◆業務に従事しなくなった場合

　上記①〜⑦のうち、一定の特定化学物質業務や石綿業務などについては、それらの業務に従事しなくなった場合でも実施しなければなりません。

　また、常時粉じん作業に従事させる労働者に対してはじん肺法に基づくじん肺健康診断を定期的（労働者の状況により1年以内ごとまたは3年以内ごと）に実施しなければなりません。

　一定の有害業務については、その特殊健康診断記録と作業記録を30年（石綿に関しては40年）保存しなければなりません。長期間経過後にがん等の職業性疾病を発病する可能性があるからです。

　このほか、情報機器作業や振動業務などにおいては、特殊健康診断の

実施が指導勧奨されています。

◆健康管理手帳

　一定の有害業務に従事しなくなった場合でも特殊健康診断を実施しなければならないものがありますが、離職後は国の費用負担で受診できることとされています。

　国の費用負担で受診できるようにするためには、離職の際に都道府県労働局長に対し、健康管理手帳交付申請書を提出して健康管理手帳を受けなければなりません。

✎ テーマ23　過重労働（長時間労働）による健康障害とその防止対策

Point

◆過重労働による健康障害とは

　過重労働による健康障害とは、長時間労働を原因として脳血管疾患または虚血性心疾患を発症することです。また、精神障害を発病することもあります。

　脳血管疾患には、脳梗塞、脳内出血、くも膜下出血と高血圧性脳症があります。

　虚血性心疾患には、心筋梗塞、狭心症、心不全（突発性心停止を含む）、解離性大動脈瘤があります。

　長時間労働が原因でこれらの脳・心臓疾患を発症して死亡した場合を過労死と呼んでいます。

　なお、喫煙は動脈硬化を引き起こしますので、脳・心臓疾患発症のリスクが非喫煙者より高いです。また、近年は精神障害の予防が重視されています（パワハラ防止法等）。

◆健康診断結果に注目

　脳・心臓疾患を発症する予備軍は、定期健康診断である程度把握でき

ます。高血圧、高血糖値、高コレステロールと肥満が脳・心臓疾患発症のリスクファクターとされています。これらの項目に複数の異常の所見が認められた労働者については、受診・治療状況を確認するとともに、長時間労働を抑制しなければなりません。

◆全員参加による安全衛生水準の継続的向上

過重労働による健康障害防止対策を実施するに当たっては、事業場の衛生委員会や安全衛生委員会または小規模事業場における労使協議の場などを積極的に活用し、労使協力の枠組みの下で取り組みを行うことが重要です。事業場で働くすべての人々が過重労働に関連する情報を共有し、全員参加により、事業場の安全衛生水準を継続的に向上させることが大切です。

◆方針の表明

過重労働対策を成功させるためには、事業者が「過労死や過重労働による健康障害を生じさせない」という方針を決定し、これを表明することから始めましょう。方針の表明は、管理・監督者を含めたすべての労働者の健康確保を最も重視しなければならないという事業場トップの決意を全員に知らせることが重要です。

◆過重労働対策推進計画の作成

事業場の安全衛生水準を継続的に向上させるためには、これまでの経験や勘に頼ることなく、PDCA（Plan Do Check Act＝計画・実施・評価・改善）サイクルを活用し、システムとして活動を展開することが重要です。まず事業者による意思決定と方針の表明に基づき、過重労働対策の目標と推進計画を作成しましょう。また、過重労働対策推進計画のPDCAサイクルを具体的な文書にすると、手順、役割、内容、記録などが明確になり、計画を推進していく上で効果的です。

✏️ テーマ24　メンタルヘルス対策

📄 Point

◆四つのメンタルヘルスケアの推進

　メンタルヘルスケアは、「セルフケア」「ラインによるケア」「事業場内産業保健スタッフ等によるケア」「事業場外資源によるケア」の「四つのケア」が継続的かつ計画的に行われることが重要です。

◆メンタルヘルスケアの進め方

　事業者は、①心の健康計画の策定、②関係者への事業場の方針の明示、③労働者の相談に応ずる体制の整備、④関係者に対する教育研修の機会の提供等、⑤事業場外資源とのネットワーク形成などを行いましょう。

◆ストレスチェックの実施等

　常時使用する労働者数が50人以上の事業場では、年1回定期にストレスチェックを実施しなければなりません。また、その実施状況を労働基準監督署に報告しなければなりません。

　ストレスチェックは、労働者自身にそのストレス状況を自覚していただくために行うものです。

✏️ テーマ25　定期健康診断の有所見率

📄 Point

◆100パーセント受診を実現するためには

　いつ定期健康診断を実施するかを事前に確認し合い、100パーセント受診を実現するためにはどうすればよいかをテーマにします。そのためには、実施期日をあらかじめ特定し、その日の受診のためにどのような業務運営をするかを討議します。受診する時間帯は業務に従事できないからです。

交代制勤務を行っている職場では、それぞれの勤務時間帯での実施を
どのように進めるかが問題となります。

次に、定期健康診断を所定期日に受診できなかった労働者に対する受
診機会をどう確保するかということになります。

受診できない理由はさまざまです。出張していた、産前産後休業に
入っていた、育児休業中であった、顧客との急な打ち合わせが入ったな
どです。産前産後休業や育児休業その他の休業中の労働者については、
受診させなくても法令違反とはなりません。それ以外の労働者には、別
の日を定める（指定する）か、個別に実施機関に行かせるということが
必要になります。

◆実際の受診率はどうであったか

次に、実際の受診率はどうであったか、最終的に定期健康診断を受診
できなかった労働者に対するフォローはどうするかがテーマになりま
す。中には、健康診断を避けようとする労働者もいますから、その対応
についても議論すべきでしょう。健康診断を避けようとする労働者は、
異常の所見があることを自覚している場合が多いものです。

◆有所見率の改善

その後、健康診断の実施データを基に、健康診断項目に異状が認めら
れた労働者の割合（有所見率）がどうであるのか、前年、前々年と比較
します。そして、有所見者を減らす（有所見率の改善）ための取り組み
をどのように進めるかもテーマになります。時には、産業医や保健師等
から、労働者に対する健康セミナーを実施することも効果的ですし、有
所見者に対する面談も有効です。

◆ストレスチェック

心理的な負担の程度を把握するための検査等（ストレスチェック）に
ついても同様に審議します。

◆高血圧など治療が必要な労働者

さらには、高血圧など治療が必要な労働者に対し、実際に受診しているかどうかの確認も必要となります。なぜなら、過重労働による健康障害防止対策で問題とされている脳血管疾患・虚血性心疾患は、高血圧が引き金となっている場合がほとんどだからです。ということは、その予防のためには定期健康診断において高血圧と診断された方に対し、医療機関を受診し降圧剤等の薬が処方されているかどうか、今日も服用しているかどうかの確認が重要となります。

◆医師による面接指導

また、健康診断やストレスチェックの結果、医師による面接指導が必要とされた方がいる場合、実際に面接指導が行われたかどうかの状況について報告する必要があるでしょう。

◆産業医の出席

以上のようなことを、衛生委員会等におけるテーマとして審議する必要があります。これらは衛生委員会等の3回から4回分のテーマになります。毎回は無理でも、時には産業医の出席を求め、助言・意見等をし

---

column コラム　経営者と健康診断

筆者が顧問をしているある中小企業で、社長に健康診断の結果を尋ねたところ、「忙しくて受けに行けない」とのことでした。私は社長に言いました。「年齢から見ても、何かしら引っかかることがあるかもしれないので、ぜひ受診すべきです。社長が倒れた場合、右腕となる役員がいたとしても、次の社長は1年や2年では育てられませんから」と。

てもらうことも委員会の活性化に有効です。

　なお、産業医の出席にこだわるあまり、衛生委員会等が開催されないのでは本末転倒です。

✎ テーマ26　熱中症予防対策

Point

◆熱中症とは

　高温多湿な環境下において、体内の水分および塩分のバランスが崩れたり、体内の調整機能が破綻したりするなどして発症する障害を総称して熱中症といいます。

　発症後救急車で病院に搬送されても、病院で死亡することもあります。

◆水分と塩分の補給

　熱中症は、暑熱な環境で発生することが多いのですが、身体負荷が大きい作業の場合には、真冬でも発生することがあります。ポイントは水分と塩分の補給です。水分のみ補給し、塩分の補給が間に合わずに塩分が不足すると、熱けいれんといって筋肉がけいれんを起こします。しばらく前の箱根駅伝で、足がけいれんしてリタイアする学校が出ていたのはこれです。

　高血圧の治療などで塩分を制限されている方については、産業医や主治医と相談の上、塩分補給を適切に行う必要があります。

　また、前の日の飲酒状況が重要な要因となっている場合があります。アルコールを肝臓が分解していく過程で水分が必要だからです。飲み過ぎの翌日は、起床した時点で脱水症状になっていることがありますから、職場での就業前のチェックが重要となります。

◆環境対策

　通風が不十分な室内作業など、暑さ対策が十分に行われていない場合

も発症しがちです。職場からの意見を衛生委員会等に上げて、その対策を議論するとよいでしょう。

◆高血圧、高血糖値、高コレステロール値、肥満などの方

なお、高血圧、高血糖値、高コレステロール値、肥満などの方は、動脈硬化により血液循環が悪いため、熱中症になりやすい体質となっています。当然、喫煙者も要注意です。

健康診断結果によっては、配置転換をしなければならないこともありましょう。

✎ テーマ27　腰痛予防対策

Point

◆職場の実情に応じた対策

腰痛は、疾病による労災保険請求の約6割を占めているものです。厚生労働省では、平成25年に「職場における腰痛予防対策指針」を全面改訂しましたので、これによって、職場の実情に応じた対策を講じなければなりません。

◆女性が行う重量物作業の規制

実は、労働基準法では、満18歳以上の女性が行う重量物作業の規制として、継続作業は20キログラム以下、断続作業は30キログラム以下と定めています。これを受けて、業務用小麦粉や黒砂糖などは1包装が30キログラムとなっています。しかし、現在の日本人の体格等では、やや重すぎるようです。

改訂版「職場における腰痛予防対策指針」に沿った対策を検討してください。

◆職場での雪かき

首都圏では、降雪があると労災保険請求が増えることが分かっていま

す。通勤途中で滑ったり転んだりといった通勤災害のほか、雪かき腰痛が発生するからです。職場での雪かきは、準備運動を念入りに行ってからにしてください。

　なお、通勤の途中で転んだ災害であっても、事業場の敷地内で発生した場合は通勤災害ではなく業務災害となります。

✏ テーマ28　職場における食中毒予防

Point

◆食中毒の予防

　社員食堂や職場でまとめて取り寄せている仕出し弁当での食中毒は、ほとんどの場合、業務災害となります。自社の労働者が調理する場合と業務委託の場合がありますが、食中毒の予防は重要です。

　なぜなら、一度に３人以上が被災する災害を厚生労働省では「重大災害」と位置づけており、労働基準監督署が立ち入り調査を行うべきものとしているからです。

◆手洗いの徹底

　調理に従事する労働者の手洗いが最も有効な対策です。夏季の食材の腐敗、冬季のノロウイルスなどが典型ですが、まずは手洗いの徹底です。これは、食事をする労働者も同様です。

◆出勤制限

　家族に感染が疑われるものが発生した場合、出勤を制限する必要があることもあります。職場で感染すると業務災害となるからです。

◆労災保険からの支出

　食中毒が発生すると複数の労働者が被災しますが、労災保険からの支出が増えることで、労災保険料が割り増しになることがありますから、その点においても防止対策を検討することは重要かもしれません。

✏️ **テーマ29** 　新型コロナウイルス感染症・インフルエンザ・結核その他の
職場における感染症予防対策

📎**Point**

◆業務上の疾病

　職場に限りませんが、人が集まる場所は感染症に感染する危険が高く
なります。職場で感染したことが明らかになると、業務上の疾病として
労災事故になります。結核その他の感染症も同様です。

　介護施設や病院等では、利用者から疥癬（かいせん）をうつされるなどの例もあり
ます。

　令和元年末から世界的に拡散した新型コロナウイルス感染症は、「症
状がなくとも感染を拡大させるリスクがあるという本感染症の特性にか
んがみた適切な対応が必要となる」ことから、厚生労働省は、当分の間、
労働基準法施行規則「別表第1の2第6号5（筆者注＝労災保険におけ
る感染症に関するもの）の運用については、調査により感染経路が特定
されなくとも、業務により感染した蓋然性が高く、業務に起因したもの
と認められる場合には、これに該当するものとして、労災保険給付の対
象とすること」としています（令2.4.28　基補発0428第1）。

　また、「医療従事者等以外の労働者であって感染経路が特定されたも
の」については、「感染源が業務に内在していたことが明らかに認められ
る場合には、労災保険給付の対象となる」としています。

　そこで、職場での3密（密閉空間、密集場所、密接場面）の重なりを
避けることと、手洗いの励行、マスクの着用、咳エチケットの徹底など
の方策が求められています。衛生委員会等において、これらの取り組み
に関する審議が必要です。また、感染が疑われる場合の出勤停止につい
て、どのような扱いとするかも審議すべきです。

　各業界団体で、感染防止のためのガイドラインを公表していますので、

新型コロナウイルス感染症にかかったら労災になるんだろうね

直ちに労災になるわけではありませんよ その辺の扱いは風邪と同じです

濃厚接触しても潜伏期間が2週間あるからその間に集団感染なんて起きたら…

検査して感染していなければ仮に潜伏期間と思って仕事を休ませていてもその日数分労働基準法の休業手当を支払って終わりですね

もし感染してたら労災申請しましょう 感染経路によっては労災が認められるかも

労災が認められなかったら診療費は誰が負担するんです？

会社負担になるのかな

難病と同じで全額公費負担のようですね

なるほど!!

その潜伏期間中の対応については衛生委員会で審議する必要があるんだね

ピンポン

わかってきましたね

委員会資料のたたき台を作っておきますね

助かります

これに従った対応が求められます。

◆海外への出張などで感染

　海外への出張などでさまざまな疾病に感染することもあり、その人が職場に戻ってきて感染源となることもあります。「感染症の予防及び感染症の患者に対する医療に関する法律」（感染症法）に定められた疾病の場合には、保健所との連携が必要となります。

　海外出張労働者の新型コロナウイルス感染症については、「出張先国が多数の本感染症の発生国であるとして、明らかに高い感染リスクを有すると客観的に認められる場合には、出張業務に内在する危険が具現化したものか否かを、個々の事案に即して判断すること」（前掲通達）としています。海外現地法人の役員など、海外派遣特別加入者の場合も同様です。

　感染症について知ることと、その予防対策は重要です。

✎ テーマ30　振動障害防止対策

Point

◆振動障害

　振動障害とは、チェーンソー、草刈り機やサンダーその他振動を発生する動力工具を使用することで、手指等に振動障害を発症することです。振動による肘から先への血行障害がその原因です。

◆振動障害防止対策の基本

　振動障害防止対策の基本は、振動工具の使用をやめること、振動がより低い工具に代えること、振動工具を使用する時間を短くすることなどです。使用時間を短くする方法として、交代制にすることがあります。

✏️ テーマ31　情報機器作業に対する職業性疾病予防対策

Point

◆情報機器作業

　情報機器作業とは、パソコンを使用する作業が典型的ですが、画面があり、キーボードなどの入力装置を使用する作業のことです。

　視力障害、手指等に痛みやしびれ等が発生する障害が典型例です。

◆職業性疾病予防対策

　これを防ぐには、厚生労働省が公開している「情報機器作業における労働衛生管理のためのガイドラインについて」（令元.7.12　基発0712第3）に基づいて対策を講じる必要があります。

　まず、使用する機器を負担の少ないものに変えることと、職場の照明その他の設備的な改善が必要です。

　作業者については、配置前健康診断を実施し、「情報機器作業の作業区分に応じた労働衛生管理の進め方」（108ページ参照）の作業区分に応じて労働衛生管理を進めます。詳細は厚生労働省のホームページにおける同通達を参照してください。

　次に、作業態様にもよりますが、1連続作業時間を制限し、適切な休憩を挟むことと、情報機器作業に関する健康診断を受診させることです。この健康診断のうち、定期のものの実施結果は、労働基準監督署に報告するように求められています。

◆ブラインドタッチ等

　パソコンに慣れないうちは、特に目が疲れます。キーボードとデータと画面とを見るたびに目がピント調節をするため、目が疲れるのです。

　これを防ぐためには、見ないで打てるようにブラインドタッチをマスターすることです。すると、データだけを見る、画面だけを見ることで作業ができますから、目が疲れることは少なくなります。

[情報機器作業に関する健康診断の概略]（情報機器ガイドラインの7の(1)関係）

〈配置前健康診断〉	〈定期健康診断〉
○業務歴の調査 ○既往歴の調査 ○自覚症状の有無の調査（問診） ○眼科学的検査 ・遠見視力の検査（矯正視力のみでよい。） ・近見視力の検査（50cm視力又は30cm視力）（矯正視力のみでよい。） ・屈折検査（問診、遠見視力及び近見視力に異常がない場合は、省略可） ・眼位検査（自覚症状のある者のみ） ・調節機能検査（自覚症状のある者のみ） ○筋骨格系に関する検査 ・上肢の運動機能、圧痛点等の検査（問診において異常が認められない場合は、省略可） ・その他医師が必要と認める検査	○業務歴の調査 ○既往歴の調査 ○自覚症状の有無の調査（問診） ○眼科学的検査 ・遠見視力の検査（矯正視力のみでよい。） ・近見視力の検査（50cm視力又は30cm視力）（矯正視力のみでよい。） ・眼位検査（医師の判断による）（40歳以上の者が対象）（問診、遠見視力及び近見視力に異常がない場合は、省略可） ・調節機能検査（40歳以上の者が対象）（問診、遠見視力及び近見視力に異常がない場合は、省略可） ・その他医師が必要と認める検査 ○筋骨格系に関する検査 ・上肢の運動機能、圧痛点等の検査（問診において異常が認められない場合は、省略可） ・その他医師が必要と認める検査

資料出所：「情報機器作業における労働衛生管理のためのガイドラインについて」（令元.7.12　基発0712第3）

107

［情報機器作業の作業区分に応じた労働衛生管理の進め方］

作業区分	作業区分の定義	作業の例（注3）	労働衛生管理の進め方			
			作業環境管理	作業管理	健康管理	労働衛生教育
（注1）	1日に4時間以上情報機器作業を行う者であって、次のいずれかに該当するもの ・作業中は常時ディスプレイを注視する、又は入力装置を操作する必要がある ・作業中、労働者が自ら作業姿勢を変更することが困難である	・コールセンターで相談対応（その対応録をパソコンに入力） ・モニターによる監視・点検・保守 ・パソコンを用いた校正・編集・デザイン ・プログラミング ・CAD作業 ・伝票処理 ・データ起こし（音声の文書化作業） ・データ入力	「情報機器作業における労働衛生管理のためのガイドライン」の本文（以下「本文」という。）の4及び6により環境整備を行うこと。	「本文」の5及び9(1)イにより作業管理を行うこと。	「本文」の7及び9(1)ロにより健康管理を行うこと。	「本文」の8により労働衛生教育を行うこと。
（注2）	上記以外の情報機器作業対象者	・上記の作業で4時間未満のもの ・上記の作業で4時間以上ではあるが労働者の裁量による休憩をとることができるもの ・文書作成作業 ・経営等の企画・立案を行う業務（4時間以上のものも含む。） ・主な作業として会議や講演の資料作成を行う業務（4時間以上のものも含む。） ・経理業務（4時間以上のものも含む。） ・庶務業務（4時間以上のものも含む。） ・情報機器を使用した研究（4時間以上のものも含む。）	「本文」の4及び6により環境整備を行うこと。	「本文」の5により作業管理を行うこと。	「本文」の7及び9(2)イにより健康管理を行うこと。	「本文」の8により労働衛生教育を行うこと。

注1：作業時間又は作業内容に相当程度拘束性があると考えられるもの（全ての者が健診対象）
注2：上記以外のもの（自覚症状を訴える者のみ健診対象）
注3：「作業の例」に掲げる例はあくまで例示であり、実際に行われている（又は行う予定の）作業内容を踏まえ、「作業区分の定義」に基づき判断すること。
資料出所：「情報機器作業における労働衛生管理のためのガイドラインについて」（令元.7.12 基発0712第3）

　次に、キーボードを打つスピードが上がるため、肘を中心に腱 鞘 炎を起こしやすくなります。10本指でタイピングすることで、普段使っていない薬指や小指に負担がかかり、その筋肉の付け根である肘に痛みを生じるのです。

　これを防ぐには、適切な休憩以外にありません。また、キーボード自体が右手に負担が多くなるように作られていますから、筆者はマウスを左手で使うようにしたほか、日常生活でも極力左手を使うようにして右手の負担を軽減するようにしています。

　椅子の高さも重要です。椅子が高いと手首が反り、薬指や小指を上げにくくなります。椅子を低くし、手首を反らせなくてもよいようにするとともに、手首を机やキーボードに置くなどして腕の重さを支えなくてよいようにすることも、負担軽減に役立ちます。

✎ テーマ32　作業環境測定

Point

◆作業環境測定の目的

　健康への危険・有害性を調べるには、作業場に有害物質・有害エネルギーがどのくらいどのような状態で分布しているかを調べることが大切です。例えば、職場の気温、湿度、騒音、照度、有害物質の気体中濃度などがその対象です。

　いずれも測定しなければ分かりません。これを測定することが作業環境測定です。その方法や基準等が定められています。

◆作業環境測定の流れ

　作業環境測定は、①測定のデザイン、②サンプリング、③分析、④評価の四つの工程によって実施されます。

　デザインとは、測定をする場所を決定することです。部屋の中の測定

位置と床面からの高さを決めます。このとき、測定者の意思が入らないよう「作業環境測定基準」に従ってデザインします。

サンプリングとは、実際に気温等を測定したり空気サンプルを採取したりすることです。

分析とは、採取した空気サンプルの中に有害物質がどれくらい含まれているかを調べることです。

評価とは、「作業環境評価基準」に基づいて、測定結果から管理区分を決定することです。管理区分は次のように三つに分かれます。

・第一管理区分　良好な状態であり、この状態を維持すること。

・第二管理区分　改善の余地がある状態である。

・第三管理区分　直ちに何らかの改善対策を講じなければならない状態であり、それまでの間に作業が必要であれば保護具の使用が必須である。

✏️ テーマ33　休憩室・休養所

Point

◆休憩室等の設置義務

事業者は、労働者が有効に利用することができる休憩の設備を設けるように努めなければなりません（努力義務）。ただし、著しく暑熱、寒冷または多湿の作業場、有害なガス、蒸気または粉じんを発散する作業場等一部の有害な作業場については、作業場外に休憩設備を設置することが義務づけられています（義務）。

◆休養所の設置義務

事業者は、常時50人以上または常時女性30人以上の労働者を使用するときは、労働者がが床することのできる休養室または休養所を、男性用と女性用に区別して設けなければなりません（義務）。

「が床」とは横たわることですから、座って休めればよいというものではありません。畳やカーペットを敷くなどして、横になることができるスペースを設けなければなりません。横になるからこそ、男女別としなければなりません。

実は、オフィスビルなどでよくこの違反が見つかります。法令でそのようなことが定められていることを知らずに賃貸契約を締結してしまうことが多いようです。

もちろん、法令違反ですから、労働基準監督署の立ち入り調査を受ければ是正勧告書により違反の指摘を受けることになります。

✎ テーマ34　気積・換気と気流

📄 Point

◆屋内作業場の気積

事業者は、労働者を常時就業させる屋内作業場の気積を、設備の占める容積および床面から4メートルを超える高さにある空間を除き、労働者1人につき、10立方メートル以上としなければなりません。

気積とは、その場所における空気の量のことです。気積の基準は、事務所も工場等も同じです。

◆屋内作業場の換気

事業者は、労働者を常時就業させる屋内作業場においては、窓その他の開口部の直接外気に向かって開放することができる部分の面積が常時床面積の20分の1以上になるようにしなければなりません。ただし、換気が十分行われる性能を有する設備を設けたときは、この限りではありません。

オフィスビルは、窓が開けられないものが増えています。その代わり動力で換気を行うようになっています。

食品工場などですと、防虫等と異物混入対策上、入り口が厳重になっています。自然換気は不可能です。そのため、労働基準監督署では、このような工場の内部を「タンク等の内部」として扱っています。

なお、換気設備を動かしているのに十分な換気が行われない場合には、給気がどうなっているかを調べる必要があります。給気が不十分だと、建物内部の気圧がある程度下がった段階で、排気ができなくなるからです。

✎ テーマ35　その他の職業性疾病予防

📖 Point

◆職業性疾病とは

業務が原因でかかる病気が職業性疾病です。平成24年には、大阪の印刷会社で版の払拭（ふっしょく）作業をしていた労働者に胆管がんが発症しました。その原因物質は、それまで法令で規制されていなかったため、新たに規制対象となりました。

中皮腫は、かつては、労災保険請求が行われると労働基準監督署は厚生労働省本省と協議をして労災になるかならないかを決定していましたが、今日では中皮腫はすべて石綿に起因することが判明しています。

厚生労働省では危険・有害性のある化学物質について規制を広げていますが、令和2年1月1日現在で規制対象は673物質です。

今後、さらに新しい疾病が確認されることもあるでしょう。職場では、労働者の体調不良等について、業務との関連性に目配りをしていただきたいものです。

(3)安全衛生教育関係

✎ **テーマ36　雇い入れ時の安全衛生教育**

Point

◆**雇い入れ時の安全衛生教育の義務づけ**

　事業者は、労働者に対し、雇い入れ時等における安全衛生教育を実施することが義務づけられています。

◆**教育の内容**

　教育の内容は、

(1)機械等、原材料等の危険性または有害性およびこれらの取り扱い方法

(2)安全装置、有害物抑制装置または保護具の性能およびこれらの取り扱い方法

(3)作業手順

(4)作業開始時の点検

(5)当該業務に関して発生するおそれのある疾病の原因および予防

(6)整理、整頓および清潔の保持

(7)事故時等における応急措置および退避

(8)そのほか当該業務に関する安全または衛生のために必要な事項

となっています。

　事務仕事が中心となる業種などについては(1)〜(4)は省略してもよいとされています（安衛則35条）。

◆**教育時間**

　教育時間について法令上の規定はありませんが、事業者は労働者が従事する業務を考慮して十分な安全衛生教育を行うことが必要です。

　なお、作業内容を変更したとき、事業者は雇い入れ教育と同内容の安全衛生教育を実施するよう規定されています。

Point

◆役職者に対する教育の必要性

　役職者は、自分の部署の成績を上げることに目を向けがちです。その結果、過労自殺が発生すると、企業としては億単位の損害賠償を負担せざるを得なくなります。

　これを防ぐためには、役職者に対する安全衛生教育を行わなければなりません。若い女性が化粧っ気もなくなって、ぼさぼさの髪で出勤してきたら、精神障害の初期症状と見なければならないのであって、「女子力がない」などとハラスメントというべき言動をしてはいけないのです。

　企業によっては、パートタイマーを多く使用しているところもあります。賃金が低いことで安易に考えてはいけません。最低賃金をわずかに上回る賃金額で働く方々がいるからこそ、ローコストオペレーションが成立しているのです。

　つまり、パートタイマーはその企業にとって欠くことのできない存在なのです。だからこそ、安全衛生管理は重要です。ご近所から通ってきているパートタイマーが、負傷したり疾病に罹患したりしてはいけないのです。

　このような感覚を役職者は身に付けていなければなりません。そのためには、会社としてその旨の教育をしなければならないのです。労働者から、気軽に相談を受けられる役職者を育てる必要があります。

✎ テーマ38　安全衛生業務従事者に対する能力向上教育

Point

◆教育対象者

　これは、安全管理者、衛生管理者、安全衛生推進者、衛生推進者、作業主任者、元方安全衛生管理者、店社安全衛生管理者、その他の安全衛生業務従事者に対するものです。

◆種類

　初任時教育（初めてその業務に従事することになったとき）、定期教育（その業務に従事した後一定期間ごと）、随時教育（機械設備等に大幅な変更があったとき）があります。

　実は、安衛法に定められている資格（免許、技能講習等）は、ごく一部を除き有効期間の定めがありません。したがって、いったん資格を取得すれば、一生涯有効です。

　しかしながら、労働安全衛生関係法規は、毎年のように改正されています。改正内容と、厚生労働省の安全衛生行政の方向をきちんと理解していないと、企業としての対応を誤ることになりかねません。その結果、過労自殺や規制対象外物質による中毒等につながることにもなります。

　これを防ぐ意味でも、安全衛生業務従事者に対する能力向上教育は必要です。

✎ テーマ39　経営者に対する安全衛生教育

Point

◆安全衛生に関する認識

　安全衛生に関する認識が足りない経営者は、経費削減を通じて職場を危険にさらしています。

例えば、国道沿いの工場が売りに出されていたので安く買ったのはい
いけれど、倉庫のスペースがないので車で15分ほどのところに倉庫を借
り、自社の工程のレイアウトがうまくいかないという事案を筆者は経験
しています。横持ち作業（製品や材料等を移動させるだけの作業）が発
生して無駄ですし、交通事故の原因にもなります。さらに、工場のレイ
アウトが悪いことから生産性が上がらないなどの弊害が発生していまし
た。

　別の事案では、機械等の定期自主検査や作業環境測定など毎年のラン
ニングコストが必要な事項について、ある時から実施していないので確
認したところ、担当者が代わり、経費削減のためにやめてしまったといっ
た例がありました。

　法令違反であれば改善するが、法令違反でなければ放置するという方
針の経営者もいます。その結果、労働災害が発生して損害賠償請求訴訟
となると、裁判所は罰則があるかどうかにかかわらず、告示、公示、ガ
イドライン等を守っていないことがはっきりすれば、損害賠償額を引き
上げる判決を下すことになります。

　電通事件の最高裁判決が出たのは約20年前ですが、それ以来、労働災
害に起因する損害賠償請求訴訟は増加の一途をたどっています。

　平成20年３月に施行された労働契約法で、使用者の安全配慮義務が法
定されたこともこの傾向に拍車を掛けています。経営者は、往々にして
時代の変化に無頓着な方がいますが、それでは会社を窮地に陥れます。

◆自主的安全衛生活動の重要性

　国家公務員である労働基準監督官は、人員削減の傾向にあります。労
働基準監督官を増員しても、行政全体での定員削減がある以上、立ち入
り調査（臨検監督）が増えることは考えにくい状況にあります。

　つまり、行政の指摘を受ける前に自主的に安全衛生管理に取り組ま

ければ、労働災害を防ぐことは不可能なのです。

◆売り上げと利益

　経営者は、売り上げと利益には敏感です。売り上げを増やすには業務を拡大することが簡単です。しかし、店舗を増やすと家賃や賃金などの固定費が増加しますから、必ずしも利益が増えるとは限りません。

　安全衛生管理活動は、売り上げと利益には全く関係しません。しかし、労働者（従業員）の満足度には影響します。また、無災害が続けば行政からの表彰や、労災保険料の割り引きにつながります。

　ある大手ゼネコン（建設会社）では、支店だけで労災保険料の割り引き（払い戻し）が年間７億円に達したそうです。

◆労働者のモラルの向上

　中国で製造していた餃子に殺虫剤が混入された事件がありました。その工場で働いていた労働者が、待遇に不満を持って行った犯行であることが判明しました。

　待遇とは、賃金額だけではありません。安全衛生管理を進めることは「安心して働ける」につながるのです。ある食品大手の経営者は、テレビのインタビューに答え「従業員満足度が上がらなければ顧客満足度は上がらない。従業員満足度を上げるのは賃金ばかりではない」と答えていました。

◆安全管理特別指導事業場等について

　行政では、労働災害の発生状況等を勘案して、都道府県労働局長が安全管理特別指導事業場（安特）や衛生管理特別指導事業場（衛特）の指定を行います。

　指定されると向こう１年間、活動状況の報告を四半期ごとに労働基準監督署に提出するほか、立ち入り調査を四半期ごとに受けます。受けた事業場の担当者の話では、異口同音に「大変でした」とのことでした。

数年前の法改正により、厚生労働大臣が企業全体を指定する制度もできました。

　建設業では、都道府県労働局長が安全衛生成績のよくない店社を指定する「局指定店社」の制度もあります。

　もちろん、このような指定と特別指導を受けることで、安全衛生管理水準を向上させることも重要ですが、その前に重篤な労働災害が発生すれば、司法処分を受けることにもなりかねません。

　司法処分とは、労働基準監督署が安衛法違反等により検察庁に事件送致することです。多くの場合、マスコミに公表されますし、何年か厚生労働省のホームページに会社名が掲載されます。

◆費用徴収について

　法令違反が原因で労働災害が発生した場合、都道府県労働局長は労災保険給付額の30パーセントを上限に費用徴収を行うことができます。

　費用徴収とは、労働局長が災害発生企業に対して行う請求です。医療費を含む労災保険給付額から算出されるのでかなりの額になります。当然、被災者側との示談にも影響するでしょう。

　なお、法令違反が原因との認定は、検察庁に事件送致した場合に限りません。行政（労働基準監督署長）が認定することで行うことができるのです。

　経営者は、これらの問題点を熟知した上で経営方針の判断をしなければならないのですが、残念ながら、経営塾などでこのようなことをテーマとしている例はほとんどないようです。

◆経営者の安全衛生研修会への参加

　これまで述べたような事項について経営者が認識するためには、社内研修では不可能です。よほどの経営者でない限り、自分が知識その他もトップだと思っています。

そこで、外部での研修会やセミナーに経営者を出席させる必要が生じます。役員会でいうことよりも、労使協議の場である衛生委員会等でその旨の決定をするなど、経営者が参加せざるを得なくなる状況を作り出さなければなりません。

なぜなら、死亡災害などの重篤な災害が発生した場合には、億単位の損害賠償が発生し、それだけで企業が消滅する可能性もあるからです。

安全衛生管理に関する知識を経営者が持つことは、企業の発展と繁栄に欠かすことができない事項です。

⑷その他

✎ テーマ40　各種規程の検討

Point

◆規程の策定・変更

安全衛生委員会規程、安全衛生管理規程、リスクアセスメント規程、社用車使用規程等の策定、変更等については、衛生委員会等において審議すべき事項です。

社用車の運転中の災害（交通事故が典型）は、労災保険における業務災害となります。また、相手方（被害者）に対する補償は、企業として行わなければなりませんから、衛生委員会等において審議すべき事項となります。労働災害に直結しますから、社用車使用規程を制定すべきこととなります。

健康診断やストレスチェックの受診等についても審議し、安全衛生管理規程に定めるべきです。

◆リスクアセスメント制度

リスクアセスメントは、事業場の規模によっては、衛生委員会等において審議するには不適切な場合があります。

小規模の事業場であれば、作業の種類や機械等の数もそれほど多くないので、衛生委員会等で審議できます。

　しかし、事業場の規模が大きくなるとそうはいきません。リスクアセスメント規程を設け、ある程度の部分や細部事項については小委員会や実行委員会あるいは職場での審議に任せることが必要となります。

◆職場パトロール

　衛生委員会等のメンバーで職場パトロールを実施することも重要な活動です。労使の委員がいますから、委員自身が職場以外の場所を見ることで視野が広がると同時に、安全衛生管理の知識も広がるはずです。

　また、さらなる知識等を向上させるため、社外の研修会に参加する必要性を感じることもあるでしょう。

　このような事項も衛生委員会等で審議し、規程を整備しておくとよいでしょう。

✎ テーマ41　労働災害統計に関する事項

Point

◆度数率と強度率

　労働災害が発生すると、どうしてもその件数に目が行きがちです。しかし、度数率と強度率を過去と比較すれば、労働者数や労働時間数の増減にかかわらず、実は減少傾向にあるとか、増加傾向にある、あるいは横ばいであるといったことが分かります。

◆担当者の選定

　労働災害統計は、長期間のデータがあるほど有効です。統計を取る担当者を決めておかなければなりません。

キーポイント1　労働災害統計における用語解説

　厚生労働省のホームページに、労働災害動向調査における用語の解説が掲載されています。次のとおりです。

◎「労働災害」とは、労働者が業務遂行中に業務に起因して受けた業務上の災害のことで、業務上の負傷、業務上の疾病および死亡をいう。ただし、業務上の疾病であっても、遅発性のもの（疾病の発生が、事故、災害などの突発的なものによるものでなく、緩慢に進行して発生した疾病をいう。例えば、じん肺、鉛中毒症、振動障害などがある）、食中毒および伝染病は除く。なお、通勤災害による負傷、疾病および死亡は除く。

◎労働災害の状況は次の労働災害率（度数率・強度率）および死傷者1人平均労働損失日数で表す。

・「度数率」とは、100万延べ実労働時間当たりの労働災害による死傷者数で、災害発生の頻度を表す。ただし、本調査における度数率は、休業1日以上または身体の一部もしくはその機能を失う労働災害による死傷者数に限定して算出している。

　　[算出方法]　　度数率＝$\dfrac{\text{労働災害による死傷者数}}{\text{延べ実労働時間数}}$×1,000,000

　　[注]　同一人が2回以上被災した場合には、その被災回数を死傷者数としている（同一人が2回被災した場合の死傷者数は2人となる）。

・「強度率」とは、1,000延べ実労働時間当たりの延べ労働損失日数で、災害の重さの程度を表す。

　　[算出方法]　　強度率＝$\dfrac{\text{延べ労働損失日数}}{\text{延べ実労働時間数}}$×1,000

・「死傷者1人平均労働損失日数」とは、労働災害による死傷者の延

121

べ労働損失日数を死傷者数で除したものをいう。

・「延べ労働損失日数」とは、労働災害による死傷者の延べ労働損失
日数をいう。

労働損失日数は次の基準により算出する。

　死亡　7,500日

　永久全労働不能　別表の身体障害等級第1級〜第3級の日数
　（7,500日）

　永久一部労働不能　別表の身体障害等級第4級〜第14級の日数
　（級に応じて50〜5,500日）

　一時労働不能　暦日の休業日数に300／365（うるう年は300／366）
　を乗じた日数

※死亡　労働災害のため死亡したもの（即死のほか負傷が原因で
　死亡したものを含む。）をいう。

　永久全労働不能　労働基準法施行規則に規定された身体障害等
　級表の第1級〜第3級に該当する障害を残すものをいう。

　永久一部労働不能　身体障害等級表の第4級〜第14級に該当す
　る障害を残すもので、身体の一部を完全に喪失したもの、ま
　たは身体の一部の機能が永久に不能となったものをいう。

　一時労働不能　災害発生の翌日以降、少なくとも1日以上は負
　傷のため労働できないが、ある期間を経過すると治ゆし、身
　体障害等級表の第1級〜第14級に該当する障害を残さないも
　のをいう。

別表　身体障害等級別労働損失日数表

身体障害等級(級)	1〜3	4	5	6	7	8	9	10	11	12	13	14
労働損失日数(日)	7,500	5,500	4,000	3,000	2,200	1,500	1,000	600	400	200	100	50

・「不休災害度数率」とは、100万延べ実労働時間当たりの不休災害による傷病者数で、不休災害発生の頻度を表す。

なお、不休災害とは、業務遂行中に業務に起因して受けた負傷または疾病によって、医療機関等（事業所内の診療所等を含む）で医師の手当てを受けたもので、被災日の翌日以降１日も休業しなかったもの（休業が１日未満のものを含む）をいう。

・「無災害事業所」とは、休業１日以上または身体の一部もしくはその機能を失う労働災害による死傷者が発生しなかった事業所をいう。不休災害による傷病者のみが発生した事業所は無災害事業所に含まれる。

キーポイント2　度数率の意味

「度数率」とは、「100万延べ実労働時間当たりの労働災害による死傷者数で、災害発生の頻度を表す」ものです。

しかし、これではピンときません。

別の見方をしましょう。現在の労働基準法では、１週40時間労働とされています。１年間は52週あまりですが、祝日等があるので50週としましょう。それで500人の労働者が１年間働くと、

40時間×50週間×500人＝1,000,000時間

となります。

つまり、500人の労働者が１年間働いて、仕事を休まなければならない（休業１日以上）労働災害が１件発生すると、度数率は1.0となります。２件なら2.0です。

現在の賃金計算ソフトでは、労働時間数の総合計を出すのは難しくありません。事業場における毎年の総労働時間を算出すれば、労働者

数の多い少ないにかかわらず、他の事業場との比較ができる指標、それが度数率です。

　ところで、一般的には、景気が回復基調になると労働災害は増加します。わが国全体としての総労働時間が増加するため、同じ発生確率であれば増加することになりますので、労働災害防止の取り組みをより進めなければならないことになります。

　なお、ここでは災害の重篤度については省略しています。重篤度を表すのが強度率です。度数率と強度率の両方を比較する必要があります。

キーポイント3　業種別の主な度数率の現状

　厚生労働省の「平成31年／令和元年労働災害動向調査（事業所規模100人以上）」によれば、同年1年間の度数率は次のとおりです（厚生労働省のウェブサイトによる）。

製造業	1.20
食料品・飲料・たばこ・飼料製造業	3.48
電気・ガス・熱供給・水道業	0.70
情報通信業（通信業、新聞業および出版業に限る）	0.58
運輸業、郵便業	3.50
卸売業、小売業	2.09
宿泊業・飲食サービス業（旅館、ホテルに限る）	2.79
生活関連サービス業、娯楽業（洗濯業、旅行業およびゴルフ場に限る）	5.01
医療、福祉（一部の業種に限る）	1.60
サービス業（他に分類されないもの）（一部の業種に限る）	3.18

✎ テーマ42　安全管理者、衛生管理者の補充

Point

◆欠員補充

　安全管理者と衛生管理者は、選任要件が法令で定められています。そのため、転勤や退職等による欠員に対し、直ちに補充することが難しいものです。その結果、法令違反となる事案が少なくありません。

　これを防ぐためには、あらかじめ有資格者を確保しておくことが必要です。

◆有資格者の確保

　安全管理者選任時研修を誰に受講させるか、衛生管理者免許試験を誰に受験させるかといったことを、それらの有資格者が転勤や定年となる前にしておかなければなりません。

◆役員候補の養成

　企業によっては、店長や工場長になる前に衛生管理者免許を取得させるとか、安全管理者選任時研修を受講させるといったことをしています。

　いずれ幹部になる人材には、安全衛生管理に関する知識を持ってもらおうというわけです。

✎ テーマ43　通勤時の交通事故防止

Point

◆労災保険法における通勤災害

　通勤時の交通事故は、原則として労災保険法における通勤災害になります。しかし、一定の条件を満たすと「業務災害」となり、事業者側は、民法715条に規定する「使用者責任」を相手方に対して負うことになりかねません。

◆労災保険料の割増要因

　通勤災害は、事業主の責任ではありませんから、メリット制の適用を受ける事業場であっても、労災保険料の増額要因にはなりません。

　メリット制とは、労働災害の発生状況により、労災保険料がプラスマイナス40パーセントの範囲で割り増しまたは割り引きとなる制度です。

　しかし、通勤途中での災害が業務災害となれば、メリット制の適用を受ける事業場では、労災保険料の割増要因となります。

　このようなことから、通勤時の交通事故防止対策は、会社側にとって取り組まざるを得ない事項となります。

✎ テーマ44　働き方改革

Point

◆「働き方改革」とは

　平成30年に働き方改革関連法案が成立し、労働基準法をはじめ多くの労働関係法令が改正されました。

　「働き方改革」は、わが国が直面している「少子高齢化に伴う生産年齢人口の減少」「育児や介護との両立など、働く方のニーズの多様化」などの課題の解決のため、働く人の置かれた個々の事情に応じ、多様な働き方を選択できる社会を実現し、働く人一人一人がより良い将来の展望を持てるようにすることを目指しているものです。

　そのため、労働時間法制の見直しと雇用形態に関わらない公正な待遇の確保の二つを柱として、法改正が行われました。衛生委員会等に関係するのは、労働時間に関する労働基準法改正と、労働者の健康管理に関する安衛法の改正です。

◆労働時間法制の見直し

改正労働基準法等により、「働き過ぎ」を防ぎながら、「ワーク・ライフ・バランス」と「多様で柔軟な働き方」を実現しようとするものです。その内容は次の7点です。

①時間外労働の上限規制

法律上、「時間外労働及び休日労働に関する協定届」（36協定）で定めることのできる時間外労働の上限が、原則として月45時間かつ年360時間とされ、特別条項付き協定の場合であっても複数月を平均して80時間まで、1カ月では最大100時間未満とされました。

ただし、自動車運転の業務、建設事業、医師、鹿児島県および沖縄県における砂糖製造業については、改正法施行後5年間の猶予措置があります。また、新技術・新商品等の研究開発の業務については、医師の面接指導や代替休暇の付与等の健康確保措置を設けた上で、時間外労働の上限規制は適用されないこととされています。

②「勤務間インターバル」制度の導入促進

勤務終了後、次の勤務開始までの間に一定時間以上の休息時間（インターバル）を確保するよう努めなければなりません。労働者の疲労回復のためです。

③年5日の年次有給休暇の確実な取得

1人1年当たり5日間の年次有給休暇の取得が、企業に義務づけられました。

これは、労働者が年次有給休暇取得の申し出をしなければ取得できなかったものを、使用者が労働者の希望を聴き、その希望を踏まえて時季を指定することで、年5日について消化を促進するものです。

④中小企業における月60時間超の時間外労働に対する割増賃金率の引き上げ

平成22年度から月60時間を超える時間外労働に対する割増賃金率が50パーセント以上とされましたが、中小企業への適用は猶予されていました。法改正により、中小企業に対しても適用されることとなりました。

⑤労働時間の状況の把握（安衛法の改正）

労働時間の状況を客観的に把握することが、企業に義務づけられました。

これは、働く人の健康管理を徹底するためのもので、管理職や裁量労働制適用者にも適用されます。

⑥フレックスタイム制の拡充

労働時間の清算期間をこれまでの1カ月から3カ月に延長することで、労働時間の調整がしやすくなりました。また、子育てや介護をしながらでも、より働きやすい制度となりました。

⑦「高度プロフェッショナル制度」の創設

高度の専門的知識等を要する業務に就く人の自立的で創造的な働き方として、一定の要件を満たした場合に、労働時間、休憩、休日と深夜の割増賃金に関する規定の適用を除外する制度です。

高度プロフェッショナル制度を採用する場合には、安衛法に規定する「働く人の健康を守る措置」（一定の条件に該当する労働者への医師による面接指導等）が義務化されました。

これらの法改正は、平成31年4月1日施行ですが、前記①の中小企業における時間外労働の上限規制は令和2年4月1日施行、④の中小企業における月60時間超の時間外労働に対する割増賃金率の引き上げは令和5年4月1日施行です。

なお、これらを企業で実行するためには、生産性向上も同時に進めていく必要があります。

◆安衛法の改正（「産業医・産業保健機能」の強化）

　産業医の活動環境を整備するため、事業者から産業医への情報提供が充実・強化されました。事業者は、長時間労働者の状況や労働者の業務の状況など産業医が労働者の健康管理等を適切に行うために必要な情報を提供しなければならないこととされました。

　また、産業医の活動と衛生委員会との関係強化のため、事業者は、産業医から受けた勧告の内容を事業場の労使や産業医で構成する衛生委員会に報告することとしなければならないこととし、衛生委員会での実効性のある健康確保対策の検討に役立てることとされました。

　さらに、労働者に対する健康相談の体制整備、労働者の健康情報の適正な取り扱いルールの推進のため、産業医等による労働者の健康相談の強化（体制整備）についての努力義務が定められ、事業者による労働者の健康情報の適正な取り扱いを推進することが定められました。後者については、「健康情報等の取扱規程」を策定することが義務化されました（平成31年4月1日施行）。

　これに先立って、「雇用管理分野における個人情報のうち健康情報を取り扱うに当たっての留意事項について」（平29.5.29　個情749、基発0529第3）が示されていますので、参考としてください。

✎ テーマ45　行政機関の立ち入り調査

｜Point

◆行政機関の立ち入り調査とは

　労働基準監督署は、厚生労働省の出先機関として、事業場への立ち入り調査権限を有しています。予告なく立ち入り調査をし、労働基準法や安衛法等の違反がないかどうかを調べ、法令違反が認められれば是正勧告書や指導票を交付するなどにより事業主に改善を求めます。

改善した結果については、是正報告書という書類で労働基準監督署長に報告することを求められます。ここまでは行政指導です。

機械等に違反が認められ、労働災害発生の危険性が高いと認められた場合には、使用停止等命令書が交付されることもあります。

改善がなされないとか、違反の状況が悪質となれば、労働基準監督署は、行政指導ではなく司法処分をすることがあります。

司法処分とは、法令違反の容疑で検察庁に事件送致をし、処罰を求める処分です。「送検」ともいいます。

◆衛生委員会等における審議事項

安衛法では、労働基準監督署から交付された是正勧告書や、行政指導文書である指導票などの内容について、衛生委員会等で審議しなければならないこととされています。

◆法令違反の是正はコンプライアンスの問題ではありません

労働災害をゼロにするための取り組みを制度として行うため、厚生労働省では労働安全衛生マネジメントシステムの構築を呼び掛けています。

詳細は厚生労働省のガイドラインを参照していただきたいのですが、そのスタートラインは「法令違反がないこと」です。法令違反がない状態から、さらに自主的活動を進めて労働災害をゼロに近づけましょうという取り組みなのです。

つまり、法令違反がなければよいというコンプライアンスの問題ではなく、さらなる自主的安全衛生管理活動をどう進めるかということなのです。

その中心が衛生委員会等の活動なのです。

　筆者は労働基準監督官の時、あるスーパーマーケットの店舗に立ち入り調査に入りました。そこでは、パートタイマーとアルバイトを含めて常時50人以上の労働者がいました。

　衛生管理者の選任について質問したところ、以前は衛生管理者がいたのですが、昨春の人事異動で転勤し、現在は誰もいないとのことでした。本社の人事部が衛生管理者の配置について考慮しないで人事異動を行っていることが分かりました。

　指導票において、「人事異動に当たり、衛生管理者その他法令の資格者の充足を考慮すること」との行政指導を行いました。

　実は、このような企業は少なくありません。コンプライアンスの観点からも、人事部門に安衛法関係の知識を理解していただきたいものです。

[4]配布資料

　衛生委員会等において配布する資料については特に決まりはありません。一般には、厚生労働省のパンフレットや災害発生事例、安全衛生改善取り組み事例に関する資料を配布するケースが多いようです。

⑴厚生労働省のパンフレット

　厚生労働省が発行しているパンフレットの例としては、次のようなものがあります。

①熱中症予防

　過去10年間（平成22年～31年・令和元年）のわが国の職場での熱中症の発生状況をみると、年平均で死傷者数が595人、死亡者数は24人

となっています。ただ、直近 2 年に限ると、記録的な猛暑となった平成30年には死傷者数が1178人（うち、死亡者数28人）とそれまでの 2 倍となり、平成31年・令和元年も同829人（同25人）となり、熱中症による被災者数は高止まりしています。

　熱中症予防については、厚生労働省から「職場における熱中症の予防について」「職場の熱中症予防対策は万全ですか？」などのパンフレット等が発行されています。

②交通労働災害防止対策

　交通労働災害とは、交通事故であって労災保険における業務上の災害となるものをいいます。貨物自動車運送事業（トラック）、道路旅客運送事業（バス、タクシー）ばかりではなく、ホテル・旅館やスポーツクラブでの顧客の運送もあるでしょうし、営業社員が使う社用車での交通事故も該当します。

　過労運転による交通事故防止のため、「自動車運転者の労働時間等の改善のための基準」（略称「改善基準」）が告示として公布されています。

　交通労働災害は、警察署と厚生労働省（労働基準監督署）とが所管しています。その両方での対策を取り上げます。また、国土交通省の陸運行政も関わっています。

　改善基準については、「トラック編」「タクシー編」と「バス編」のパンフレットが厚生労働省から発行されています。

③過重労働による健康障害防止対策

　過重労働による健康障害には、主に長時間労働を原因とする脳血管疾患と虚血性心疾患があります。また、精神障害を発症する例が増えています。

　ア　脳血管疾患

①脳内出血

②くも膜下出血

③脳梗塞

④高血圧性脳症

イ　虚血性心疾患

①心筋梗塞

②狭心症

③心停止（心臓性突然死を含む）

④解離性大動脈瘤

　これらの疾病は、以前は加齢により発症するという意味で「成人病」と呼ばれていましたが、現在では発症過程に着目して「生活習慣病」と呼ばれています。

　定期健康診断において、高血圧、高血糖値、高コレステロール値と肥満の4項目に異常の所見があると発症しやすいことが明らかになっています。

　厚生労働省では、「過重労働による健康障害を防ぐために」というパンフレットを発行しています。

④メンタルヘルス対策

　メンタルヘルス対策は、労働基準監督署における近年の重点対策です。厚生労働省から次のパンフレット類が発行されています。

ア　職場における心の健康づくり（「労働者の心の健康の保持増進のための指針」を分かりやすく説明したパンフレット）

イ　心の健康問題により休業した労働者の職場復帰支援の手引き

ウ　職場における自殺の予防と対応

エ　こころの健康　気づきのヒント集

オ　派遣労働者の心の健康づくり〜労働者の心の健康の保持増進のた

めの指針～

カ　派遣労働者のためのこころの健康気づきのヒント集

　長時間労働の排除とパワーハラスメント等のいじめを防ぐ対策も重要です。令和2年6月1日施行の改正労働施策総合推進法により、パワーハラスメント・セクシュアルハラスメント・マタニティハラスメント等の防止が事業主の義務とされました。ただし、中小企業は令和4年3月31日までは努力義務です。

⑵災害発生事例等の配布

　災害発生事例等は、自社で発生した災害はもとより、グループ企業で発生した休業災害を全社に流している例があります。また、グループ企業に対する労働基準監督署の立ち入り調査の結果（是正勧告書、指導票等）も共有し、グループ全体でそれぞれ再発防止対策の資料としている例があります。

　災害事例は、被災者の人権に配慮した上で、本人の不注意以外にどのような問題があったかを明らかにする必要があります。そうでないと、再発防止対策を立てることは不可能です。なぜなら、本人の不注意を防ぐことは困難だからです。

　災害発生事例等は、なるべくその場所の写真入りで紹介すると、各委員の理解が深まります。

　また、他社における事案であったとしても、自社でも発生する可能性がある災害であれば、参考とすることが可能です。新聞やテレビ等のニュースも衛生委員会等の話題・テーマとすることができます。

　一定の期間、無災害が続いている職場に対し、事業場の長から衛生委員会等の場で表彰することも安全衛生水準の向上への取り組みを進める上で効果的です。

　ただし、その無災害が職場における安全衛生の取り組みの成果である

のか、たまたま発生していないだけなのかは、注意が必要です。後者の場合、そのうち大きな災害につながることがあるからです。

| column コラム | **労災事故が発生した場合、これを労働基準監督署に報告しなければならないのか** |

被災労働者が休業した場合には、労働者死傷病報告の提出が必要です。

「労働災害」とは、「労働者の就業に係る建設物、設備、原材料、ガス、蒸気、粉じん等により、又は作業行動その他業務に起因して、労働者が負傷し、疾病にかかり、又は死亡することをいう」（安衛法2条）とされています。

安衛則97条1項では、「事業者は、労働者が労働災害その他就業中又は事業場内若しくはその附属建設物内における負傷、窒息又は急性中毒により死亡し、又は休業したときは、遅滞なく、様式第23号による報告書を所轄労働基準監督署長に提出しなければならない」と定めています。これが労働者死傷病報告です。「労働災害その他」とあるように、労働災害に限定していないことに注意が必要です。

また、同規則96条では、一定の事故等が発生した場合には、「遅滞なく、様式第22号による報告書を所轄労働基準監督署長に提出しなければならない」と定めています。これが、事故報告書です。

これらの災害等が発生した場合には、所轄労働基準監督署長に対する報告とあわせて、衛生委員会等において再発防止に関する事項を審議する必要があります。

　なお、労働者が寄宿する事業の付属寄宿舎において、次のいずれかの事故等が発生した場合についても、労働者死傷病報告または事故報告書の提出が必要です（労働基準法施行規則57条1項）。

①火災もしくは爆発または倒壊の事故が発生した場合

②労働者が事業の付属寄宿舎内で負傷し、窒息し、または急性中毒にかかり、死亡しまたは休業した場合

キーポイント　事故報告書の対象となる事故

　安衛則96条において、次の場合が定められています。これは、人災の有無を問いません。

1　事業場またはその付属建設物内で、次の事故が発生したとき

　イ　火災または爆発の事故（次号の事故を除く）

　ロ　遠心機械、研削といしその他高速回転体の破裂の事故

　ハ　機械集材装置、巻上げ機または索道の鎖または索の切断の事故

　ニ　建設物、付属建設物または機械集材装置、煙突、高架そう等の倒壊の事故

2　安衛令1条3号のボイラー（小型ボイラーを除く）の破裂、煙道ガスの爆発またはこれらに準ずる事故が発生したとき

3　小型ボイラー、安衛令1条5号の第一種圧力容器および同条7号の第二種圧力容器の破裂の事故が発生したとき

4　クレーン（クレーン則2条1号に掲げるクレーンを除く）の次の事故が発生したとき

　イ　逸走、倒壊、落下またはジブの折損

　ロ　ワイヤロープまたはつりチェーンの切断

5　移動式クレーン（クレーン則2条1号に掲げる移動式クレーンを

除く）の次の事故が発生したとき

　イ　転倒、倒壊またはジブの折損

　ロ　ワイヤロープまたはつりチェーンの切断

6　デリック（クレーン則 2 条 1 号に掲げるデリックを除く）の次の
　事故が発生したとき

　イ　倒壊またはブームの折損

　ロ　ワイヤロープの切断

7　エレベーター（クレーン則 2 条 2 号および 4 号に掲げるエレベー
　ターを除く）の次の事故が発生したとき

　イ　昇降路等の倒壊または搬器の墜落

　ロ　ワイヤロープの切断

8　建設用リフト（クレーン則 2 条 2 号および 3 号に掲げる建設用リ
　フトを除く）の次の事故が発生したとき

　イ　昇降路等の倒壊または搬器の墜落

　ロ　ワイヤロープの切断

9　安衛令 1 条 9 号の簡易リフト（クレーン則 2 条 2 号に掲げる簡易
　リフトを除く）の次の事故が発生したとき

　イ　搬器の墜落

　ロ　ワイヤロープまたはつりチェーンの切断

10　ゴンドラの次の事故が発生したとき

　イ　逸走、転倒、落下またはアームの折損

　ロ　ワイヤロープの切断

(3)安全衛生改善取り組み事例の配布

　職場での安全衛生改善の取り組み事例については極力写真入りで資料
を作り、配布するとよいでしょう。

　現在では、デジタルカメラで写真を撮ることが簡単になりました。各職場での安全衛生に関する改善の取り組み状況を写真に撮りプロジェクターで映写するとともに、当該職場の長などから発表してもらうとよいでしょう。

　職場での改善事例の中には、生産性に関するものもあります。そのような改善事例であって、衛生委員会等やリスクアセスメント小委員会での審議を経ていない場合には、安全衛生に関する検討もしていないことがありますので、そのような審議を経ないで改善することを禁止しなければなりません。

　改善予定の状況を衛生委員会等に報告し、審議を経てから着手するようにしてください。

---

column コラム	過労運転防止措置を怠ったため、タクシー400台余りが免許取り消しに

　平成21年、東京都内の大手タクシー会社が、長時間労働を放置し、過重労働による交通事故防止対策を怠っていたという理由で、陸運事務所からタクシー400台余りの免許を取り消されました。

　陸運事務所は、その台数のタクシーについて、ナンバーを外して持って行ってしまいました。

　このような事案は、多くの場合、所轄労働基準監督署の立ち入り調査後の陸運事務所への通報で発覚しています。

　また、現在では、道路交通法において「過労運転下命罪」という条文があり、労働者が過労の状態にあることを承知して自動車の運転を命じた場合に管理者が処罰の対象となります。

[5]衛生委員会チェックリスト（立ち上げから開催、周知まで）

⑴立ち上げ

□衛生委員会等を立ち上げる旨事業者が宣言する

　当該事業場のトップ自ら、「当事業場も衛生委員会等を設置することとしました。従業員の災害ゼロを目指して取り組みますので、ご協力をお願いします」といった宣言をします。

□安全衛生委員会規程（案）の策定

□議長の指名

　議長は「総括安全衛生管理者又は総括安全衛生管理者以外の者で当該事業場においてその事業の実施を統括管理するもの若しくはこれに準ずる者のうちから事業者が指名した者」（安衛法17〜19条）でなければなりません。

□委員の指名

　委員は、次の者をもって構成しなければなりません。なるべく委嘱状を渡しましょう。

①安全管理者のうちから事業者が指名した者（安全委員会または安全衛生委員会に限る）

②当該事業場の労働者で、安全に関し経験を有するもののうちから事業者が指名した者（同上）

③衛生管理者のうちから事業者が指名した者（衛生委員会または安全衛生委員会に限る）

④産業医のうちから事業者が指名した者（同上）

⑤当該事業場の労働者で、衛生に関し経験を有するもののうちから事

業者が指名した者（同上）

⑥当該事業場の労働者で、作業環境測定を実施している作業環境測定士であるもののうち事業者が指名した者（同上）

□**労働組合等の推薦**

　議長を除く委員の半数については、当該事業場に労働者の過半数で組織する労働組合があるときはその労働組合、労働者の過半数で組織する労働組合がないときは労働者の過半数を代表する者の推薦に基づき指名しなければなりません。

□**労働組合等の適格性**

　上記の労働組合等は、次の要件を備えていることが必要です。

①労働組合の場合、当該事業場の労働者（パートタイマー、アルバイト等を含む）の過半数を組織していること。

②①の労働組合がない場合、労働者の過半数を代表する者は、次の選出方法によっていること。

　ア　労働基準法または安衛法に規定する協定等をする者を選出することを明らかにして実施される投票、挙手等の方法による手続きにより選出された者であること。

　　　この「投票、挙手等」の「等」としては、労働者の話し合い、持ち回り決議等労働者の過半数が当該者の選任を指示していることが明確になる民主的な手続きによるものであること。

　イ　労働基準法41条2号に規定する監督または管理の地位にある者でないこと。

⑵開催

□衛生委員会等の開催

　議長および各委員にあらかじめ期日を通知した上で開催します。最初は、安全衛生委員会規程（案）の審議をします。その後、当面のテーマを審議します。このとき、次回の期日を決めます。

□衛生委員会等の議事録の作成

　委員会終了後速やかに議事録を作成し、社長までの決裁を経て議事録つづりにまとめてつづります。労働基準監督署の立ち入り調査においては、必ず読まれることを認識しておいてください。

⑶周知その他

□衛生委員会等の概要の作成と周知

　各委員は、職場に戻ってから委員会での議事等を職場にフィードバックします。会社は、職制を通じて決定事項の実現を図ります。これらの概要を掲示等によって全労働者に周知することにより、安全衛生管理に関する事項を全労働者で共有します。

□安全衛生提案の募集

　全労働者を対象に、安全衛生に関する事項で改善が必要と思われる事項を募集し、次回の衛生委員会等において審議することとします。

[6]その他──分社化した場合や下請け企業における衛生委員会

⑴分社化した場合

　同一敷地内で分社化した場合、従来と同様に敷地内全体で親会社とと

もに一つの安全衛生委員会を開催することは認められません。

　平成18年の安衛法改正に伴い、分社化された場合の安全管理者、衛生管理者、安全衛生推進者、衛生推進者の兼任について、一定の要件を満たした場合に認める旨の考え方が、通達「分社化に伴い分割された事業場における安全管理者等の兼務について」で示されました（平18.3.31基発0331005）。

　しかしながら、衛生委員会等について、共同で実施することについては何も触れられていません。また、その後もその趣旨での通達が出ていません。

　したがって、親会社と共同で衛生委員会等を行うことは、認められないと考えられます。

　なお、それぞれの事業場における衛生委員会等が実施されているという前提で、「本社安全衛生委員会」や、企業グループ全体での「総括安全衛生委員会」を設けることは差し支えありません。

⑵下請け会社の場合
①構内下請け

　注文主の会社で構内下請けを集めて安全衛生協力会を組織している場合、これを下請け会社の衛生委員会等の代わりをしているとみることはできません。

　衛生委員会等の設置は、安衛法において「事業者」に義務づけているものです。したがって、各企業の事業場ごとに設置・運営をする必要があります。

　この場合の安全衛生協力会は、安衛法30条の2に規定する「元方事業者の講ずべき措置」の一つです。当然、構内下請け企業の代表者が出席し、注文主の会社の構内における災害防止について審議・協議はするものの、個別の構内下請けの状況については行わないと思われま

す。

　そのため、このような安全衛生協力会は、構内下請け会社の衛生委員会等の代わりとすることはできません。

　なお、当該安全衛生協力会で出されたテーマ等を持ち帰り、自社の衛生委員会等で報告・審議することは可能です。

②工事現場

　下請けとして入っている工事現場において、災害防止協議会が毎月１回開催され、自社の職長・安全衛生責任者が出席している場合でも、これを衛生委員会等に代わるものとすることはできません。

　災害防止協議会は、安衛法30条に規定する「特定元方事業者等の講ずべき措置」として定められています。特定元方事業者とは、建設業と造船業の元方事業者をいいます。

　一方、自社が設置・運営すべき衛生委員会等は、自社における諸問題を審議するために設けなければならないものです。また、委員の半数は労働者側の推薦に基づかなければなりません。

　災害防止協議会が、自社のためだけに開催されるわけではないことと、出席者の構成からすれば、それを自社が行うべき衛生委員会等とみなすことはできません。

　なお、構内下請けにおける安全衛生協力会同様、当該災害防止協議会で出されたテーマ等を持ち帰り、自社の衛生委員会等で報告・審議することは可能です。

3. 衛生委員会等の活性化事例

[1]事例

⑴失敗事例

　あるハウスメーカー（建売住宅のメーカー）では、70人ほどの労働者がいる木材加工工場で災害が多発していました。過去には死亡災害も発生しており、労働基準監督署に目を付けられていました。この会社は、経営者が株式公開を目指していることもあり、労働基準監督署のOBである筆者を入れれば、地元労働基準監督署の対応が和らぐのではないかとの思惑だったということが後で分かりました。

　筆者は、安全衛生委員会に毎月出席しました。いろいろと提案や助言をしました。しかし、間もなく分かったのは、その工場の工場長が、2000円のお金を動かすのに社長決裁が必要だということでした。

　社長は常に、「それは法令違反なのか、それとも違反ではないのか」と質問するとのことでした。違反でない事項は放置するというのがその社長の考え方でした。

　これでは、地元の労働基準協会が開催している安全衛生に関する講習会に誰一人参加させることができません。筆者は、途中でいわば匙を投げる形になりました。

　筆者は１年でお役御免となり、ほっと胸をなで下ろしました。なにせ、私に依頼をしてきた人事部の社員（30歳前後の男性）が、間もなく退職してしまったこともあり、筆者としては契約が続いたらどうしようと思っていたほどでした。この会社は、本書執筆時点でいまだ株式を公開していません。

⑵救急救命に関する事項

　ある製造業（工場）の安全衛生委員会では、委員の約半数が女性でした。年末に向けての行事を検討していたので、筆者は、ある会社では、消防署の職員を呼び、消火器の使用方法と救急救命法の実地訓練を行った例がある旨を紹介しました。

　委員会では、「では、うちでもやってみよう」ということになり、地元の消防署に働き掛けたところ、消火訓練と救急救命について実地講習をするために来てくれることになったそうです。

　後日、その結果を聞いたところでは、どちらも職場だけでなく家庭でも役に立つ事柄であり、大変良かったとの感想が多かったように感じました。

　実は、職場での安全衛生に関する事項は、家庭でも役立つことが多いです。また、職場でも家庭でも誰かが負傷した場合などに、救急救命や止血等の知識を実地に得ていることは、災害発生時に心強いものです。消火器の使用方法についても同様です。

　ところで、このような要請を受けた消防署は、以前は無料で事業場に出向いていましたが、近年は実費程度を徴収することが多いようです。

⑶レイアウトの変更

製造業の工場で、レイアウトが悪いため、労働者と材料・半製品・製品の動線があちこちで交差していました。

動線の交差を減らすことは労働災害防止に効果的ですから、衛生委員会等において審議をしてもらい、交差を減らすようにレイアウトの変更を検討していただきました。

実は、労働基準監督官の時の経験ですが、ある一部上場企業の工場において、筆者が立ち入り調査を行っている時に、構内が一方通行となっていないことから複数の外来のトレーラーとトラックが角突き合わせる状態となり、構内で渋滞が発生していました。

工場長には「レイアウトが悪いですね」と言いましたが、工場長は憮然としていて無言でした。

現在、多くの事業場、特に工場や物流センターなどでは、車両を一方通行にしていることが普通になってきました。委員の方々にもそのような「常識」を身に付けていただきたいものです。

⑷工場の床面が問題

ある大手飲料メーカーの工場構内で、フォークリフトによる荷役を行っている会社がありました。「荷役」とは、貨物をトラック等に積み込んだり降ろしたり、移動させる作業をいいます。

その工場は古く、床面のあちこちに凸凹があり、フォークリフトが揺れて荷が落下するなどで不良が年間数件発生していました。

安全衛生委員会では、親会社から「フォークリフトの運転に気を付け

て、不良が生じないようにすること」を通達されているとのことでした。

　自社の工場ではないため、自社で補修等をすることはできませんでしたが、ある委員から当該工場側に対し、地道に「床面の補修を訴えていく」ことが提案されました。それこそが本質安全化であり、フォークリフトの転倒という最悪の事態を防ぐことが可能ということで、委員全員の賛同を得ました。

　当面の対策として、くぼみ部分に色を付けることとし、その承認を工場側から得ました。フォークリフトの運転者から凸凹が分かりやすくなり、見学者からは「なんだあれは」という感想が出るようになったそうです。

　実は、安衛則544条では、「事業者は、作業場の床面については、つまずき、すべり等の危険のないものとし、かつ、これを安全な状態に保持しなければならない」と定めていますから、これに沿って補修等を行う必要があります。

⑸ストレスチェックの結果

　常時使用する労働者数が50人以上の事業場では、ストレスチェックの実施が義務づけられています。

　ストレスチェックを受検するかどうかは労働者の自由です。また、その結果については、労働者の同意なく会社側が実施機関等から入手することはできません。

　ストレスチェックは、メンタルヘルス不調を起こしている労働者をあ

ぶり出すための制度ではありません。労働者自身がご自分の精神状態（ストレスが高いかどうか）を知るためのものです。

とはいえ、企業に実施が義務づけられたのは、業務の推進状況等によっては、精神的な負担を抱え、誰にも相談できないで悩んでいる労働者がいるであろうことが指摘され、疾患に至る前での対応が必要であることから定められたものです。労働者自身が大きな負担を抱えていることを自覚し、医師の面接指導を受け、あるいは相談することが重要です。

また、厚生労働省が推進している「職場におけるメンタルヘルス対策」として、「四つのケア」が提唱されています。すなわち、①セルフケア（労働者自身による気付きとストレスの解消）、②ラインによるケア（上司等による気付きと声掛け等）、③メンタルヘルスケアを担当するスタッフによるケア（衛生管理者等による会社としての対応）、④保健所・医療機関その他企業外の機関等によるケアです。

このうち、①から③は、事業場内での研修等を実施する必要があります。衛生委員会等においてそのようなことを審議し、実施につなげることが必要です。

⑹過重労働による健康障害防止対策

ある企業では、毎月の衛生委員会等において、1カ月当たり45時間を超える時間外労働・休日労働を行った労働者数を部門ごとに発表していました。60時間、80時間、100時間をそれぞれ超える労働者数も発表していました。

同時に、なぜそのような労働者が生じたかについて、該当部署に対して委員会での説明が求められていました。健康管理部門からは、そのような労働者にどのような対応をしたかが報告されました。

過重労働による健康障害とは、長時間労働を原因として発症した脳血管疾患と虚血性心疾患のことです。動脈硬化により血液循環が悪くなっ

て発症しますから、禁煙対策も重要です。また、精神障害発症も確認されています。

脳・心臓疾患を発症する要因として、高血圧・高血糖値・高コレステロール値と肥満が挙げられています。当然、この企業の衛生委員会等では、これらに所見が認められる労働者数も報告されており、さらには当該労働者が医療機関を受診しているかどうかが保健師から報告され、積極的な取り組みと感じられました。

なお、筆者の個人的な感想ですが、重要性が低い事項を懇切丁寧に行う必要はなく、仕事にメリハリを付けることが労働時間短縮に欠かせません。悪くいえば手抜きですが、必要な手抜きの仕方を教える人が減ったように感じます。これは、公務員にもいえます。

⑺法令を知る機会を設ける

ある製造業の工場でのことですが、安全衛生事務局と、生産現場の係長クラスとを対象に、階層を分けて安全衛生教育を実施することになりました。

実は、職場の安全衛生パトロールを実施した後で衛生委員会等を開催する例は少なくありません。しかし、何が法令違反かを知らなければ指摘ができません。また、法令違反ではないものの改善が必要であることを理解していなければ、いくらパトロールをしても指摘事項が的外れとなりがちです。

結局、衛生委員会等で階層別の安全衛生教育を実施することとなり、この階層の中に「パートタイマー」という区分も設けられました。

職場の安全パトロールの指摘能力が向上したことは言うまでもありません。

労働基準監督官も条文を幅広く知っていないと、法令違反の指摘ができず、「違反なし」が多くなります。立ち入り調査を受けたけれど何の

指摘もなかったからといって、必ずしも喜んでいいとは限りません。

⑻指摘能力の向上と改善

　ある食料品製造業の工場では、非常停止ボタンが無効化されていることを社内パトロールで７年間指摘できないでいました。筆者が関わるようになってから、その他の事項についても社内パトロールで指摘ができるようになりました。

　あるとき、筆者はその会社宛ての報告書に「改善を要する事項についての指摘能力が向上した」旨を書きました。

　ところが、その指摘事項がなかなか改善されないのでした。新工場立ち上げも重なり、現場は大忙しということは分かるのですが、これではいつ労働災害が発生してもおかしくありません。

　そうこうするうちに労働組合側委員から「指摘があっても改善されなければ、その指摘事項は残っており、すぐに労働災害につながるかもしれません。改善能力の向上を図ってください」との発言がありました。おそらく、当時、労働組合側委員はやきもきしていたことでしょう。

　リスクアセスメントでも安全衛生委員会での審議でも、実は重要なことは改善対策実施の優先順位です。

　これまで全国では中央労働災害防止協会が中心となり「ヒヤリ・ハット運動」に取り組まれてきました。毎日の生産活動の中で、「ヒヤリとした、ハッと驚いた」事案を出し合い、それに対策を講じていくことで、重大な災害を未然に防ぐというものです。

　これは、"ハインリッヒの法則"に基づくものです。１件の重大な災害の陰には、29件の軽微な災害があり、300件のヒヤリ・ハットがあるという統計結果に基づいた考え方です。山の裾野であるその300件をつぶしていけば、頂上の重大災害を防ぐことができるというものでした。

1	1件の重大な事故・災害
29	29件の軽微な事故・災害
300	300件の ヒヤリ・ハット

（ハインリッヒの法則）

　しかし、ヒヤリ・ハット運動は、対策の必要性についての優先順位を考慮していませんでした。費用対効果を考えれば、対策の実施について優先順位を付けることは重要です。そのためには、「ヒヤリ・ハット運動」で出された事案について、リスクアセスメントの手法で対策を講じる優先順位を付ける必要があります。

　衛生委員会等の委員やパトロール担当者のレベルアップのためには、社内での研修のほか、社外での研修会やセミナー等への出席は欠かせません。安全衛生教育の一環として審議していただきたい事項です。

column コラム	**労働者側委員の資質の向上**

　時々、問題が生じるのは、単に労働組合の役員であることから委員になっている場合、安全衛生に関する知識が十分でないことです。衛生推進者や安全衛生推進者の養成講習を受講するなど、委員としての資質を確保する必要があります。この場合の受講費用の分担は、労使の協議で決める必要があります。

[2]運用上の工夫

⑴自由な発言と労働組合

　衛生委員会等において重要なことは、委員全員が役職等にかかわらず自由に発言できることです。議題について実際にどうするかは、衛生委員会等において審議するわけですから、発言を制限する必要はありません。

　しかし、労働組合があり、労働組合推薦の委員が出席している場合には、事案により、労使紛争に近い状態になることがあります。

　このような場合について、厚生労働省は、通達において、衛生委員会等は労使交渉の場ではないとしています（昭47.9.18　発基91）。最終的には議長、すなわち事業者側の決定によることとなるのはやむを得ないところです。

⑵複数の事業場での衛生委員会等

　現在では、ネットワークを利用することにより、複数の事業場で同時に衛生委員会等を行うことが可能です。

　ある会社では、ネットワークにより複数の事業場をつなぎ、テレビ会議にして合同の衛生委員会等を実施していました。片方は労働者数が50人以上で、他方は50人未満という事例もあります。

　毎月そのようにして実施するかどうかは、事業場の状況等によります。複数の事業場を有する企業等では、検討する余地があるでしょう。

　安衛法では、事業場ごとに実施することが原則です。しかし、50人未満の事業場もあるという企業では、50人未満だから何もしないというのでは問題です。50人未満の事業場においては、「安全又は衛生に関する事項について、関係労働者の意見を聴くための機会を設けるようにしなければならない」からです（安衛則23条の２）。

　そのような場合には、ネットワークを活用する方法もあるということ

です。

　なお、議事録は、各事業場で作成・保存しておく必要があります（安衛則23条）。

⑶産業医の出席

　産業医は開業医が多く、多忙を理由に、衛生委員会等を欠席する例は少なくありません。

　ある企業では、衛生委員会等の開催日の午後を産業医の面談・相談日としており、午前中の衛生委員会等に産業医が出席できるようにしていました。毎月の出席は無理とのことでしたが、衛生委員会等において「健康管理」をテーマに、定期健康診断の結果、熱中症予防、食中毒やインフルエンザ等の感染症予防に関する事項などをアドバイスしていました。

　毎回はともかく、産業医の都合がつくときには、衛生委員会等への参加をお願いするとよいでしょう。そのとき、職場巡視もしてもらい、産業医の視点での指摘・助言を受けるとよいでしょう。

　また、法令上、産業医は少なくとも毎月1回、一定の情報が事業者から産業医に提供される場合においては、少なくとも2カ月に1回職場巡視をしなければならないこととされています。産業医が職場巡視をすることにより事業場の労働環境を理解することができ、アドバイスがより的確なものとなります。

　産業医に限らず、その時々で必要な方に衛生委員会等への出席を求め、意見や助言を得ることが重要です。

⑷マンネリ化を防ぐ

　衛生委員会等を実施していて最大の問題は、マンネリ化です。どのようにしてマンネリ化を防ぐかは、永遠の課題といってよいほどです。決定的な対策はありませんが、工夫は必要です。筆者がこれまでに見聞し

た事例を挙げてみましょう。

①毎回、交代で、事前に決めたテーマごとの発表を委員にしてもらう

②委員の能力向上のため、安全衛生に関する教育用DVDを委員会で見る

③自社で発生した災害や、他社の災害事例について意見を出し合い、再発防止対策を討議する

④年に何回か、職場での安全衛生の取り組み事例発表をしてもらう

⑤事業場外の団体等で実施されている安全衛生のセミナー・講習会に交代で委員を出席させる

⑥衛生委員会等で前回決まった事項について、委員の各職場における取り組み状況を発表する

⑦職場パトロールの結果に基づき、今後の取り組みについて話し合う

［付 録］

1. 規程・様式編

2. 法令・通達編

1. 規程・様式編

規 程

【安全衛生管理規程（例)】

安全衛生管理規程

第1章　総　則

（目的）

第1条　この規程は、労働基準法、労働安全衛生法等関係法令および株式会社○○工業（以下「当社」という）の就業規則第○○条に基づき、当社における安全衛生活動の充実を図り、労働災害を未然に防止するために必要な基本的事項を明確にし、社員の安全と健康を確保するとともに快適な職場環境の形成を促進することを目的とする。

（適用の範囲）

第2条　当社の安全衛生管理に関して必要な事項は、労働安全衛生法関係法令（以下「法令」という）およびこの規程に定めるところによる。

（当社の責務）

第3条　当社は、安全衛生管理体制を確立し、危険性または有害性等の調査およびその結果に基づき講ずる措置、安全衛生計画の作成、実施、評価および改善、健康診断の実施および労働時間等の状況その他を考慮して面接指導の対象となる労働者の面接指導の実施、精神的健康の保持増進対策等、労働災害を防止し、快適な職場環境の形成を促進するために、必要な措置を積極的に推進する。

（社員の責務）

第4条　社員は、当社が法令および本規程に基づき講ずる措置に積極的に協力し、労働災害防止および健康保持増進を図るように努めなければならない。

159

第2章　安全・衛生管理

（安全衛生管理体制）

第5条　当社は、総括安全衛生管理者を選任し、次条により選任する安全管理者等を指揮させるとともに、次の業務を統括管理させる。

①安全衛生に関する方針の表明に関すること。

②労働者の危険または健康障害を防止するための措置に関すること。

③労働者の安全または衛生のための教育に関すること。

④健康診断の実施その他健康の保持増進のための措置に関すること。

⑤労働災害の原因の調査および再発防止対策に関すること。

⑥快適な職場環境の形成に関すること。

⑦危険性または有害性等の調査およびその結果に基づき講ずる措置に関すること。

⑧安全衛生計画の作成、実施、評価および改善に関すること。

⑨その他労働災害防止に必要と認められる重要な事項に関すること。

第6条　当社は、安全管理者、衛生管理者、産業医、安全衛生委員会を置き、法令に基づき必要な職務を行わせる。

※10〜50人未満の事業場の場合

（安全衛生推進者）

第5条　当社は、安全衛生推進者（注：ただし、労働安全衛生法施行令第2条第3号に定める業種に属する事業場にあっては「衛生推進者」）を選任し、次条第2項に定める職務を行わせる。

（安全衛生推進者の職務）

第6条　当社は、法令の定めに従って安全衛生推進者を選任する。

2　安全衛生推進者は、次の業務を安全衛生業務について責任のある者の指揮を受けて担当する。

①安全衛生に関する方針の表明に関すること。

②労働者の危険または健康障害を防止するための措置に関すること。

③労働者の安全または衛生のための教育に関すること。

④健康診断の実施その他健康の保持増進のための措置に関すること。

⑤労働災害の原因の調査および再発防止対策に関すること。

⑥快適な職場環境の形成に関すること。

⑦危険性または有害性等の調査およびその結果に基づき講ずる措置に関すること。

⑧安全衛生計画の作成、実施、評価および改善に関すること。

⑨その他労働災害防止に必要と認められる重要な事項に関すること。

3　当社は、安全衛生推進者を選任したときは、その者の氏名を事業場の見やすい個所に掲示するなどの方法により社員に周知する。

4　当社は、安全または衛生に関する事項について、関係労働者からの意見を聴くための安全衛生会議を開催する。

（安全管理者）

第7条　当社は、法令の定めるところにより、安全管理者を選任する。

2　安全管理者は、法令の定めるところにより、第5条の業務のうち安全に係る技術的事項を管理する。

3　安全管理者は、職場を巡視し、設備、作業方法等に危険のおそれがあるときには、直ちに、その危険を防止するため必要な措置を講じなければならない。

4　当社は、安全管理者が職務を遂行することができないときは、法令の定めるところにより代理者を選任し、これを代行させるものとする。

(衛生管理者)

第8条 当社は、法令の定めるところにより、衛生管理者を選任する。

2　衛生管理者は、法令の定めるところにより、第5条の業務のうち衛生に係る技術的事項を管理する。

3　衛生管理者は、少なくとも毎週1回は職場を巡視し、設備、作業方法または衛生状態に有害のおそれがあるときには、直ちに、社員の健康障害を防止するため必要な措置を講じなければならない。

4　当社は、衛生管理者が職務を遂行することができないときには、法令の定めるところにより代理者を選任し、これを代行させるものとする。

(産業医)

第9条 当社は、法令の定めるところにより、産業医を選任する。

2　産業医は、次の事項の医学的分野を中心に管理する。

①健康診断の実施および労働時間等の状況その他を考慮して面接指導の対象となる労働者の面接指導の実施、その結果に基づく社員の健康を保持するための措置に関すること。

②作業環境の維持管理および快適な職場環境の形成に関すること。

③作業の管理に関すること。

④前三号に掲げるもののほか、社員の健康管理に関すること。

⑤健康教育、健康相談その他社員の健康の保持増進を図るための措置に関すること。

⑥衛生教育に関すること。

⑦労働者の健康障害の原因の調査および再発防止のための措置に関すること。

3　産業医は、少なくとも毎月1回職場を巡視し、作業方法または衛生状態に有害のおそれがあるときは、直ちに社員の健康障害を防止するため必要な措置を講じなければならない。

（安全衛生委員会）

第10条　当社は、安全衛生委員会を設ける。

2　安全衛生委員会規程は、別に定める。

（各部署の責任者）

第11条　各部（課）の責任者は、当社の決定に基づき所轄部署の安全衛生管理方針を決定するとともに、職場管理者を指揮して、労働災害防止、快適な職場形成に向けた統括管理を行う。

（職場管理者）

第12条　各職場の管理者は、労働災害を防止し、快適な職場を形成するため次の事項を管理しなければならない。

①危険性または有害性等の調査およびその結果に基づき講ずる措置に関すること。

②労働災害の防止および健康障害の防止のため、作業方法を決定し、これに基づき部下の社員を指導すること。

③所管する設備・機械の安全を確保すること。

④職場内の整理・整頓に努め、快適な職場環境を形成すること。

（作業主任者）

第13条　当社は、法令で定める資格を有する者の中から作業主任者を選任する。

2　作業主任者は、当該作業に従事する労働者の指揮その他法令で定める事項を行わなければならない。

第3章　就業に当たっての措置

（安全衛生教育）

第14条　当社は、安全衛生に関する知識および技能を習得させることによって労働災害防止に役立たせるため、次の教育を行うものとする。

①雇入れ時教育、作業内容変更時教育

②危険・有害業務従事者特別教育

③職長教育、その他監督者安全衛生教育

④その他安全衛生の水準の向上を図るため、危険または有害な業務に現に就いている者に対する安全衛生教育

2　社員は、当社の行う安全衛生教育に積極的に参加しなければならない。

（就業制限）

第15条　当社は、クレーンの運転その他の業務で法令の定めるものについては、資格を有する者でなければ当該業務に就業させないこととする。

2　就業制限業務に就くことができる社員以外は、当該業務を行ってはならない。

（服装等）

第15条の2　社員は、就業に当たり会社が指定する服装をし、指示された保護具を着用しなければならない。

2　社員は、就業に当たり、換気扇、局所排気装置、その他の安全衛生のための機器を稼働させなければならない。

3　社員は、業務に使用する機械等に設けられている安全装置を無効化してはならない。

（中高年齢者等）

第16条　当社は、中高年齢者その他労働災害防止上その就業に当たって特に配慮を必要とする者については、これらの者の心身の状態に応じて適正な配置を行うように努める。

第4章　職場環境の整備

（作業環境測定）

第17条　当社は、法令の定めるところにより、必要な作業環境測定を実

施し、その結果を記録することとする。

（作業環境測定の評価等）

第18条　当社は、前条の作業環境測定の結果の評価に基づいて、社員の健康を保持するため必要があると認められるときは、法令の定めるところにより、施設または設備の設置または整備、健康診断の実施その他の適切な措置を講ずることとする。

（環境の整備）

第19条　当社は、社内における安全衛生の水準の向上を図るため、次の措置を継続的かつ計画的に講じ、快適な職場環境の形成に努める。

①作業環境を快適な状態に維持管理するための措置

②作業方法の改善

③休憩施設の設置または整備

④その他快適な作業環境を形成するために必要な措置

（保護具、救急用具）

第20条　当社は、保護具および救急用具の適正使用・維持管理について、社員に対し指導、教育を行うとともに、その整備に努めることとする。

（機械・設備等の点検整備）

第21条　当社は、機械・設備等について、法令および社内点検基準に定めるところにより点検整備を実施し、その結果を記録保存することとする。

（整理整頓）

第22条　当社は、常に職場の整理整頓について適正管理し、常に職場を安全で快適かつ機能的な状態に保持することとする。

第5章　健康の保持増進措置等

（健康診断）

第23条　当社は、社員に対し法令の定めるところにより、医師による健

康診断を行う。

2　当社は、有害業務に従事する社員および有害業務に従事させたことのある社員に対し、医師による特別の項目についての健康診断を行う。

3　当社は、健康診断の結果および月の時間外労働が80時間を超える場合の状況その他を考慮して面接指導の対象となる社員の面接指導を実施し、その結果に基づく社員の健康を保持するための措置について、医師の意見を聴く。

4　当社は、医師の意見を勘案し、その必要があると認めるときは、当該社員の健康状態等を考慮して、就業場所の変更、作業の転換、労働時間の短縮等の措置を講ずるほか、作業環境測定の実施、施設または設備の設置または整備およびその他の適切な措置を講ずる。

5　当社は、健康診断を受けた社員に対し、法令に定めるところにより、当該健康診断の結果を通知する。

6　当社は、健康診断の結果、特に健康の保持に努める必要があると認める社員に対し、医師、保健師による保健指導を行うよう努める。

7　社員は、当社が行う健康診断を受けなければならない。ただし、当社の指定した医師または歯科医師が行う健康診断を受けることを希望しない場合、他の医師または歯科医師による健康診断結果証明書を当社に提出したときはこの限りでない。

（病者の就業禁止）

第24条　当社は、伝染性の疾患その他の疾病で、法令の定めるものにかかった社員に対し、その就業を禁止する。

2　当社から就業の禁止を指示された社員は就業してはならない。

（健康教育等）

第25条　当社は、社員に対する健康教育および健康相談その他社員の健康の保持増進を図るため必要な措置を継続的かつ計画的に講ずるよう

努める。

2　社員は、前項の当社が講ずる措置を利用してその健康の保持増進に努めること。

第6章　製造業の元方事業者としての措置

第26条　当社は、事業場内での関係下請け事業場の労働災害を防止するため、以下の措置を講じる。

①作業間の連絡および調整

②クレーン等の合図の統一等

第7章　発注者としての措置

第27条　当社は、大量漏えいによる急性中毒を引き起こす物質、引火性等を有する物質を製造・取り扱う設備の改造等の仕事で一定の作業を注文するときは、中毒および火災等の発生を防止するため以下の情報を請負人に提供するものとする。

①化学物質の危険・有害性

②作業において注意すべき事項

③注文者の講じた措置等

附　則

1　この規程は、令和〇〇年〇〇月〇〇日から施行する。

2　この規程は、必要に応じて改定する。

［注］　本規程例は、東京労働局ホームページ掲載のパンフレット「中小規模事業場の安全衛生管理の進め方」を基に、一部加工して作成したものです。

【安全衛生委員会規程（例）】

安全衛生委員会規程

（目的）

第1条　本規程は、安全衛生管理規程に基づき、本社（事業場）安全衛生委員会の構成、運営、調査審議事項などを定め、安全衛生管理活動の円滑な推進を図ることを目的とする。

（定義）

第2条　本規程の用語の意味は次のとおりとする。

⑴　議長　安全衛生委員会を招集し、会議を統括し、議事進行を担当する者で、安全衛生担当取締役を充てる。

⑵　委員　法令に基づき、社長が若干名を指名する。この場合、委員の半数は、労働者の過半数を代表する者の推薦に基づくものとする。

⑶　事務局　人事部の安全衛生担当部署に事務局を置き、安全衛生委員会の運営に関する事務を担当する。

⑷　オブザーバー　議長は、必要に応じて安全衛生委員会に必要と認める者を出席させることができる。

（委員会の運営）

第3条　安全衛生委員会は、毎月1回以上開催する。

2　議長は、必要に応じ臨時に安全衛生委員会を招集することができる。

3　委員の半数以上から委員会開催の要請があった場合には、議長は安全衛生委員会を開催しなければならない。

4　安全衛生委員会は、議長と全委員の過半数の出席をもって成立する。

5　安全衛生委員会に業務の都合等、やむを得ない事由で欠席する委員は、あらかじめ事務局にその旨を伝え、欠席した安全衛生委員会開催日後のなるべく早い時期に、当該日の安全衛生委員会議事録を読まなければならない。

6　決議事項がある場合で、賛否同数の場合、議長がこれを決する。

7　委員に欠員が生じた場合には、社長が代わりの委員を指名する。この場合、労働者側委員については、前条⑵の規定を準用する。

(委員会の議事)

第4条　安全衛生委員会は、次の事項を審議する。

⑴　労働者の危険を防止するための基本となるべき対策に関すること。

⑵　労働者の健康障害を防止するための基本となるべき対策に関すること。

⑶　労働災害の原因および再発防止対策で、安全衛生に係るものに関すること。

⑷　前記⑴～⑶に掲げるもののほか、労働者の危険および健康障害の防止に関する次の重要事項。

ア　安全衛生に関する規程の作成に関すること。

イ　労働安全衛生法（以下「法」という）第28条の2第1項または第57条の3第1項および第2項の危険性または有害性等の調査およびその結果に基づき講ずる措置に関すること。

ウ　安全衛生に関する計画の作成、実施、評価および改善に関すること。

エ　安全衛生教育の実施計画の作成に関すること。

オ　法第57条の4第1項および第57条の5第1項の規定により行われる有害性の調査ならびにその結果に対する対策の樹立に関すること。

カ　法第65条第1項または第5項の規定により行われる作業環境測定の結果およびその結果の評価に基づく対策の樹立に関すること。

キ　定期に行われる健康診断、法第66条第4項の規定による指示を受けて行われる臨時の健康診断、法第66条の2の自ら受けた健康診断および法に基づく他の省令の規定に基づいて行われる医師の

診断、診察または処置の結果ならびにその結果に対する対策の樹立に関すること。

　ク　労働者の健康の保持増進を図るため必要な措置の実施計画の作成に関すること。

　ケ　長時間にわたる労働による労働者の健康障害の防止を図るための対策の樹立に関すること。

　コ　労働者の精神的健康の保持増進を図るための対策の樹立に関すること。

(5)　厚生労働大臣、都道府県労働局長、労働基準監督署長、労働基準監督官、産業安全専門官または労働衛生専門官から文書により命令、指示、勧告または指導を受けた事項のうち、労働者の危険および健康障害の防止に関すること。

(6)　その他議長が必要と認めた事項

2　議事のうち議決を必要とするものは、出席委員の過半数の賛成で決定する。

3　前項の議決において賛否同数の場合、議長がこれを決定する。

（委員の役割）

第5条　委員は、安全衛生委員会の審議の中で積極的に発言するよう努めるとともに、委員会に必要と思われる議事を議長に提案することができる。

2　議長から委員会での発表事項を指定された委員は、次回の安全衛生委員会において、その内容を発表するものとし、必要に応じて資料を配布するものとする。

3　委員は、当社の指定する安全衛生に関する研修会等（会社の外部で開催されるものを含む）に参加しなければならない。

4　前項の参加時間は、当社就業規則に定める労働時間とし、参加に必

要な費用は当社が負担する。

5　委員は、安全衛生委員会で決定した事項について、それぞれの職場において実現に努めなければならない。

（リスクアセスメント）

第6条　安全衛生委員会は、第4条(4)のオならびにカに定める事項（リスクアセスメント）の実施に関し、小委員会を設けることができる。

2　前項の小委員会をリスクアセスメント小委員会という。

3　リスクアセスメント小委員会は、安全衛生委員会の推薦に基づき、委員長と若干名の委員により構成する。

4　リスクアセスメントの実施に関する細部事項は、別途定める。

（委員会の議事録）

第7条　事務局は、安全衛生委員会終了後速やかに議事録を作成し、5年間保存するとともに、その概要を作成し、開催日後のなるべく早い時期に職場ごとの掲示板に掲示する。

2　当社の社員、パートナー社員および当社に派遣されている労働者は、安全衛生委員会の議事概要を読むように努めなければならない。

（改廃）

第8条　本規程の改廃については、安全衛生委員会の審議を経て行うものとする。

（施行）

第9条　本規程は、令和〇〇年〇〇月〇〇日から施行する。

様 式

●総括安全衛生管理者・安全管理者・衛生管理者・産業医選任報告

（労働安全衛生規則様式第3号）

様式第3号（第2条、第4条、第7条、第13条関係）（表面）

総括安全衛生管理者・(安全管理者)・衛生管理者・産業医選任報告

労働保険番号	8 0 4 0 1

労働保険番号　1 4 1 0 1 0 5 3 8 0 1 □□□□□□
（都道府県）（所掌）（管轄）　（基幹番号）　　　（枝番号）　　（被一括事業場番号）

ページ □□／□□

事業場の名称	労務工業株式会社	事業の種類	金属製品製造業

衛生管理者の場合

坑内労働又は有害業務（労働基準法施行規則第18条各号に掲げる業務）に従事する労働者数　　0人

坑内労働又は労働基準法施行規則第18条第1号、第3号から第5号まで若しくは第9号に掲げる業務に従事する労働者数　　0人

事業場の所在地	郵便番号（　231-0003　）横浜市中区北仲通○ー○

電話番号	0 4 5 □□□□□□□□□ 左に詰めて記入する	労働者数	□□ 1 3 2 右に詰めて記入する	計 □□□□□

産業医の場合は、労働安全衛生規則第13条第1項第3号に掲げる業務に従事する労働者数

フリガナ 姓と名の間は1文字空けること	ム ラ カ ミ □ キ ン ゴ □□□□□□□□□□□
被選任者氏名 姓と名の間は1文字空けること	村 上 □□ 金 吾 □□□□□□□□□□□

選任年月日	7：平成 9：令和 → 9 □□ □□ □□ 1〜9月は右詰め 1〜9月は右詰め 1〜9日は右詰め	生年月日	1：明治 3：大正 5：昭和 7：平成 9：令和 5 □□ □□ □□	選任種別	2

選任種別
1．総括安全衛生管理者
2．安全管理者
3．衛生管理者(4以外の者)
4．衛生管理者(衛生工学管理担当)
5．産業医

・安全管理者又は衛生管理者の場合は担当すべき職務	工場の安全管理全般	専属の別	1 1．専属 2．非専属	他の事業場に勤務している場合は、その勤務先	
		専任の別	2 1．専任 2．兼職	他の業務を兼職している場合は、その業務	製造部長兼製造課長

・総括安全衛生管理者又は安全管理者の場合は経歴の概要	製造課長　8年製造部長　2年

・産業医の場合は医籍番号等	種別 □ － □□□□□□□□□ 医籍番号（右に詰めて記入する）

フリガナ 姓と名の間は1文字空けること	ヤ マ モ ト □ コ ウ イ チ □□□□□□□□□
前任者氏名 姓と名の間は1文字空けること	山 本 □□ 宏 市 □□□□□□□□□□□

辞任、解任等の年月日	7：平成 9：令和 → 9 □□ □□ □□ 1〜9年は右詰め 1〜9月は右詰め 1〜9日は右詰め	参考事項	定年退職

令和○年　○○月　○○日

事業者職氏名　労務工業株式会社
代表取締役社長

横浜南　労働基準監督署長殿

山田勝二　㊞

受付印

172

様式第3号（第2条、第4条、第7条、第13条関係）（裏面）

備考

1　□□□で表示された枠（以下「記入枠」という。）に記入する文字は、光学的文字・イメージ読取装置（ＯＣＩＲ）で直接読み取りを行うので、この用紙は汚したり、穴をあけたり、必要以上に折り曲げたりしないこと。

2　記入すべき事項のない欄及び記入枠は、空欄のままとすること。

3　記入枠の部分は、必ず黒のボールペンを使用し、枠からはみ出さないように大きめの漢字、カタカナ及びアラビア数字で明瞭に記入すること。

　　なお、濁点及び半濁点は同一の記入枠に「ガ」「パ」等と記入すること。

4　二人以上の選任報告を行う場合に「総ページ」の欄は、報告の総合計枚数を記入し、「ページ」の欄は総枚数のうち当該用紙が何枚目かを記入すること。

　　なお、2枚目以降は、「事業場の名称」、「事業の種類」、「事業場の所在地」、「電話番号」、「労働者数」、「坑内労働又は有害業務（労働基準法施行規則第18条各号に掲げる業務）に従事する労働者数」、「坑内労働又は労働基準法施行規則第18条第1号、第3号から第5号まで若しくは第9号に掲げる業務に従事する労働者数」及び「産業医の場合は、労働安全衛生規則第13条第1項第3号に掲げる業務に従事する労働者数」の欄は、記入を要しないこと。

5　「事業の種類」の欄は、総括安全衛生管理者の場合は労働安全衛生法施行令第2条各号に掲げる業種を、安全管理者の場合は同条第1号又は第2号に掲げる業種を、衛生管理者又は産業医の場合は日本標準産業分類の中分類により記入すること。

6　「電話番号」の欄は、市外局番、市内局番及び番号をそれぞれ「－」（ダッシュ）で区切り記入すること。

7　「安全管理者又は衛生管理者の場合は担当すべき職務」の欄は、安全管理者又は衛生管理者ごとに職務区分が分かれている場合はその分担を記入すること。

8　「総括安全衛生管理者又は安全管理者の場合は経歴の概要」の欄は、総括安全衛生管理者又は安全管理者の資格に関する学歴、職歴、勤務年数等を記入すること。

9　「産業医の場合は医籍番号等」の種別は、別表に掲げる種別の区分に応じて該当コードを記入すること。

10　「参考事項」の欄は、次のとおりとすること。

（1）初めて総括安全衛生管理者、安全管理者、衛生管理者又は産業医を選任した場合は「新規選任」と記入すること。

（2）安全管理者選任報告にあつては、労働安全衛生規則第4条第1項第3号に規定する事業場である場合は「指定事業場」と記入すること。

（3）産業医選任報告にあつては、産業医の専門科名及び開業している場合はその旨を記入すること。

11　安全管理者選任報告の場合（労働安全衛生規則第5条第2号に掲げる者を選任した場合を除く。）は、同条第1号の研修その他所定の研修を修了した者であること又は平成18年10月1日において安全管理者としての経験年数が2年以上であることを証する書面（又は写し）を、衛生管理者選任報告の場合は、衛生管理者免許証の写し又は資格を証する書面（又は写し）を、産業医選任報告の場合は、医師免許証の写し及び別表コード1から7までのいずれかに該当することを証明する書面（又は写し）を、添付すること。

12　氏名を記載し、押印することに代えて、署名することができること。

別表

種別	コード	種別	コード
労働者の健康管理等を行うのに必要な医学に関する知識についての研修であつて厚生労働大臣の指定する者（法人に限る。）が行うものを修了した者	1	大学において労働衛生に関する科目を担当する教授、准教授又は講師の職にあり又はあつた者	4
産業医の養成等を行うことを目的とする医学の正規の課程を設置している産業医科大学その他の大学であつて厚生労働大臣が指定するものにおいて当該課程を修めて卒業した者であつて、その大学が行う実習を履修したもの	2	労働安全衛生規則第14条第2項第5号に規定する者	5
		平成8年10月1日以前に厚生労働大臣が定める研修の受講を開始し、これを修了した者	6
労働衛生コンサルタントで試験区分が保健衛生である者	3	上のいずれにも該当しないが、平成10年9月30日において産業医としての経験年数が3年以上である者	7

様式第5号(第51条関係)(1)

健 康 診 断 個 人 票 (雇 入 時)

氏　　　　　名	大沢一郎	生 年 月 日	昭和60年○○月○○日	健診年月日	令和○○年○○月○○日
		性　　別	⑲ 　・　 女	年　　齢	○○歳

業　　務　　歴	製造部門	血　　　　　圧		(mmHg)	132〜89
既　　往　　歴	なし	貧血検査	血 色 素 量	(g／dl)	○○
			赤 血 球 数	(万／mm³)	○○
自　覚　症　状	なし	肝 機 能 検 査	G　O　T	(IU／l)	○○○
			G　P　T	(IU／l)	○○○
			γ ー G T P	(IU／l)	○○
他　覚　症　状	なし	血中脂質検査	LDLコレステロール	(mg／dl)	○○○
			HDLコレステロール	(mg／dl)	○○○
			トリグリセライド	(mg／dl)	○○○
		血　糖　検　査		(mg／dl)	○○
身　　長　(cm)	168.5	尿 検 査	糖		− ＋ ＋ ＋ ＋
体　　重　(kg)	62.3		たん白		− ＋ ＋ ＋ ＋
B　M　I	21.9	心　電　図　検　査			異常なし
腹　　囲　(cm)	82.0	そ の 他 の 法 定 検 査			
視力　右	0.1　(　1.2　)	そ の 他 の 検 査			
左	0.2　(　1.0　)	医　師　の　診　断			所見なし
聴力　右　1000Hz	① 所見なし　2 所見あり	健康診断を実施した医師の氏名 ㊞			相沢一夫
4000Hz	① 所見なし　2 所見あり	医　師　の　意　見			なし
左　1000Hz	① 所見なし　2 所見あり				
4000Hz	① 所見なし　2 所見あり				
胸部エックス線検査	直　接　　㋑⑱ 間　接 撮　影　○○年○○月○○日	意 見 を 述 べ た 医 師 の 氏 名 ㊞			
		歯 科 医 師 に よ る 健 康 診 断			
フ ィ ル ム 番 号	No.○○○	歯科医師による健康診断を実施した 歯科医師の氏名 ㊞			
備　　　　　考		歯　科　医　師　の　意　見			
		意 見 を 述 べ た 歯 科 医 師 の 氏 名 ㊞			

備　考

1　労働安全衛生規則第43条、第47条若しくは第48条の雇入時の健康診断又は労働安全衛生法第66条第4項の健康診断を行つた
　　ときに用いること。

2　BMIは、次の算式により算出すること。

$$BMI = \frac{体\ \ 重(kg)}{身\ \ 長(m)^2}$$

3　「視力」の欄は、矯正していない場合は（　）外に、矯正している場合は（　）内に記入すること。

4　「その他の法定検査」の欄は、労働安全衛生規則第47条の健康診断及び労働安全衛生法第66条第4項の健康診断のうち、そ
　　れぞれの該当項目以外の項目についての結果を記入すること。

5　「医師の診断」の欄は、異常なし、要精密検査、要治療等の医師の診断を記入すること。

6　「医師の意見」の欄は、健康診断の結果、異常の所見があると診断された場合に、就業上の措置について医師の意見を記
　　入すること。

7　「歯科医師による健康診断」の欄は、労働安全衛生規則第48条の健康診断を実施した場合に記入すること。

8　「歯科医師の意見」の欄は、歯科医師による健康診断の結果、異常の所見があると診断された場合に、就業上の措置につ
　　いて歯科医師の意見を記入すること。

様式第5号(第51条関係)　(2)　(表面)

健　康　診　断　個　人　票

氏　名	相原良治	生　年　月　日	昭和○○ 年○○月○○日	雇 入 年 月 日	平成○○ 年○○月○○日		
		性　別	男 ・ 女				

健　診　年　月　日	○○年○○月○○日	年　月　日	年　月　日	年　月　日	年　月　日
年　　　齢	38歳	歳	歳	歳	歳
他の法定特殊健康診断の名称	有機溶剤健康診断				
業　　務　　歴	塗装工				
既　　往　　歴	なし				
自　覚　症　状	なし				
他　覚　症　状	初期高血圧				
身　長　(cm)	167.5				
体　重　(kg)	64.5				
B　M　I	22.9				
腹　囲　(cm)	81.3				

視　力	右	0.7 (1.0)	( )	( )	( )	( )
	左	0.6 (1.2)	( )	( )	( )	( )

聴　力	右	1000Hz	1所見なし 2所見あり	1所見なし 2所見あり	1所見なし 2所見あり	1所見なし 2所見あり	1所見なし 2所見あり
		4000Hz	1所見なし 2所見あり	1所見なし 2所見あり	1所見なし 2所見あり	1所見なし 2所見あり	1所見なし 2所見あり
	左	1000Hz	1所見なし 2所見あり	1所見なし 2所見あり	1所見なし 2所見あり	1所見なし 2所見あり	1所見なし 2所見あり
		4000Hz	1所見なし 2所見あり	1所見なし 2所見あり	1所見なし 2所見あり	1所見なし 2所見あり	1所見なし 2所見あり
	検査方法		1オージオ 2その他	1オージオ 2その他	1オージオ 2その他	1オージオ 2その他	1オージオ 2その他

胸部エックス線検査	直接 間接 撮影 ○○年○○月○○日	直接 間接 撮影 年 月 日	直接 間接 撮影 年 月 日	直接 間接 撮影 年 月 日	直接 間接 撮影 年 月 日
フィルム番号	No. 8043	No.	No.	No.	No.
喀痰検査	―				
血　圧　(mmHg)	138－92				
貧血検査 血色素量 (g／dl)	13.6				
赤血球数 (万／mm³)	429				
肝機能検査 GOT (IU／l)	21				
GPT (IU／l)	18				
γ－GTP (IU／l)	38				
血中脂質検査 LDLコレステロール(mg／dl)	95				
HDLコレステロール(mg／dl)	121				
トリグリセライド(mg／dl)	97				
血糖検査 (mg／dl)	103				

尿検査	糖	⊖＋＋＋＋	－ ＋ ＋＋ ＋＋＋	－ ＋ ＋＋ ＋＋＋	－ ＋ ＋＋ ＋＋＋	－ ＋ ＋＋ ＋＋＋
	蛋白	⊖＋＋＋＋	－ ＋ ＋＋ ＋＋＋	－ ＋ ＋＋ ＋＋＋	－ ＋ ＋＋ ＋＋＋	－ ＋ ＋＋ ＋＋＋

心電図検査	st上昇				

様式第5号（第51条関係）　(2)　（裏面）

健　診　年　月　日	○○年○○月○○日	年　月　日	年　月　日	年　月　日	年　月　日
そ の 他 の 法 定 検 査	なし				
そ の 他 の 検 査	なし				
医 師 の 診 断	年齢の割に血圧が高いので、治療が望ましい。				
健康診断を実施した医師の氏名 ㊞	石井六三郎㊞				
医 師 の 意 見					
意 見 を 述 べ た 医 師 の 氏 名 ㊞	同上				
歯 科 医 師 に よ る 健 康 診 断	なし				
歯科医師による健康診断を実施した歯科医師の氏名 ㊞					
歯 科 医 師 の 意 見					
意 見 を 述 べ た 歯 科 医 師 の 氏 名 ㊞					
備 考					

備考

1　労働安全衛生規則第44条、第45条、第47条若しくは第48条の健康診断、労働安全衛生法第66条第4項の健康診断（雇入時の健康診断を除く。）又は同法第66条の2の健康診断を行つたときに用いること。

2　「他の法定特殊健康診断の名称」の欄には、当該労働者が特定の業務に就いていることにより行うことになつている法定の健康診断がある場合に、次の番号を記入すること。

　　（1. 有機溶剤　　2. 鉛　　3. 四アルキル鉛　　4. 特定化学物質　　5. 高気圧作業　　6. 電離放射線　　7. 石綿

　　8. じん肺）

3　BMIは、次の算式により算出すること。

$$BMI = \frac{体重（kg）}{身長（m^2）}$$

4　「視力」の欄は、矯正していない場合は（　）外に、矯正している場合は（　）内に記入すること。

5　「聴力」の欄の検査方法については、オージオメーターによる場合は1に、オージオメーター以外による場合は2に丸印をつけること。なお、労働安全衛生規則第44条第5項の規定により医師が適当と認める方法により行つた聴力の検査については、1,000ヘルツ及び4,000ヘルツの区分をせずに所見の有無を1,000ヘルツの所に記入すること。

6　「その他の法定検査」の欄は、労働安全衛生規則第47条の健康診断及び労働安全衛生法第66条第4項の規定により都道府県労働局長の指示を受けて行つた健康診断のうち、それぞれの該当欄以外の項目についての結果を記入すること。

7　「医師の診断」の欄は、異常なし、要精密検査、要治療等の医師の診断を記入すること。

8　「医師の意見」の欄は、健康診断の結果、異常の所見があると診断された場合に、就業上の措置について医師の意見を記入すること。

9　「歯科医師による健康診断」の欄は、労働安全衛生規則第48条の健康診断を実施した場合に記入すること。

10　「歯科医師の意見」の欄は、歯科医師による健康診断の結果、異常の所見があると診断された場合に、就業上の措置について歯科医師の意見を記入すること。

様式第5号(第51条関係)　(3)

海外派遣労働者健康診断個人票(派遣前・帰国後)

氏　　　　名	太田初彦	生年月日	昭和○○年○○月○○日	健診年月日	令和○○年○○月○○日
		性　　別	⑨・女　年　齢		○○歳

業　務　歴	営業職	血　　　　　圧　　　(mmHg)	
既　往　歴	なし	貧血検査	血　色　素　量　(g／dl)
			赤　血　球　数　(万／mm³)
		肝機能検査	G O T　(IU／l)
			G P T　(IU／l)
自　覚　症　状	なし		γ － G T P　(IU／l)
		血中脂質検査	LDLコレステロール (mg／dl)
			HDLコレステロール (mg／dl)
他　覚　症　状	なし		トリグリセライド (mg／dl)
		血　糖　検　査　(mg／dl)	
		尿検査　　　糖　　　－＋＋＋＋＋	
身　長　(cm)	173.5	たん蛋　　　　　　白　　　－＋＋＋＋＋	
体　重　(kg)	83.5	心　電　図　検　査	
B　M　I	27.7		
腹　囲　(cm)	87.3	医師が必要であると認める項目	
視力　右	1.2(　　　)		
左	0.3(1.0)		
聴力　右　1000Hz	①所見なし　2 所見あり		
4000Hz	①所見なし　2 所見あり		
左　1000Hz	①所見なし　2 所見あり		
4000Hz	①所見なし　2 所見あり		
胸部エックス線検査	直　接　　　⑲接撮影 ○○年○○月○○日	その　他　の　検　査	
		医　師　の　診　断	
		健康診断を実施した医師の氏名 ㊞	
フィルム番号　No.103		医　師　の　意　見	
かくたん喀痰検査		意見を述べた医師の氏名 ㊞	
備　　　　考			

備考

1　労働安全衛生規則第45条の2の健康診断を行つたときに用いること。

2　表題中「派遣前」又は「帰国後」のうち、該当するものに丸印をつけること。

3　BMIは、次の算式により算出すること。

$$BMI = \frac{体　重(kg)}{身　長(m)^2}$$

4　「視力」の欄は、矯正していない場合は(　)外に、矯正している場合は(　)内に記入すること。

5　「医師の診断」の欄は、異常なし、要精密検査、要治療等の医師の診断を記入すること。

6　「医師の意見」の欄は、健康診断の結果、異常の所見があると診断された場合に、就業上の措置について医師の意見を記入すること。

様式第6号(第52条関係)(表面)

定期健康診断結果報告書

| 80311 | | | | |

労働保険番号 | 1 3 1 0 5 1 2 3 4 5 6 |
(都道府県)(所掌)(管轄) 基幹番号 枝番号 被一括事業場番号

| 対象年 | 7：平成 9：令和→ | 9 0 0 元号 年 | (1月～6月分) (報告 回目) | 健診年月日 | 7：平成 9：令和→ | 9 0 0 0 0 元号 年 月 日 |

※1～9年は右寄

| 事業の種類 | 総合商社 | 事業場の名称 | 大崎商事株式会社 |

| 事業場の所在地 | 郵便番号 (141-0021) 東京都品川区上大崎○－○－○○ | 電話 03(○○○○)○○○○ |

| 健康診断実施機関の名称 | (医)品川労働福祉協会 | 在籍労働者数 | 1 8 3 |
右に詰めて記入する↑

| 健康診断実施機関の所在地 | 東京都品川区東大井1－2－3 | 受診労働者数 | 1 7 9 |
右に詰めて記入する↑

(※)労働安全衛生規則第13条第1項第3号に掲げる業務に従事する労働者数(右に詰めて記入する)

人	人	人	人	人	人	人	人
						2 3 人	
						計 2 3 人

健康診断項目		実施者数	有所見数		実施者数	有所見数
	聴力検査（オージオメーターによる検査）(1000Hz)	1 7 9 人	3 2 人	肝機能検査	1 7 9 人	2 4 人
	聴力検査（オージオメーターによる検査）(4000Hz)	1 7 9 人	4 1 人	血中脂質検査	1 7 9 人	1 5 人
	聴力検査（その他の方法による検査）	0 人	0 人	血糖検査	1 7 9 人	8 人
	胸部エックス線検査	1 7 9 人	3 人	尿検査（糖）	1 7 9 人	1 1 人
	喀痰検査	0 人	0 人	尿検査（蛋白）	1 7 9 人	3 2 人
	血　圧	1 7 9 人	6 3 人	心電図検査	1 7 9 人	2 1 人
	貧血検査	1 7 9 人	2 1 人			

| 所見のあった者の人数 | 6 8 人 | 医師の指示人数 | 2 8 人 | 歯科健診 | 0 実施者数 人 | 0 有所見者数 人 |

| 産業医 | 氏　名 | 板倉八郎 ㊞ |
| | 所属医療機関の名称及び所在地 | 板倉内科クリニック　品川区南大井○－○－○ |

令和○年 ○○月 ○○日

事業者職氏名　大崎商事株式会社　代表取締役社長

品川労働基準監督署長殿　　　　　　　　伊藤厚夫 ㊞

受付印

折り曲げる場合は ◀ の所を谷に折り曲げること

様式第6号(第52条関係)(裏面)

備考

1　□□□で表示された枠(以下「記入枠」という。)に記入する文字は、光学的文字・イメージ読取装置(OCIR)で直接読み取りを行うので、この用紙は汚したり、穴をあけたり、必要以上に折り曲げたりしないこと。

2　記入すべき事項のない欄及び記入枠は、空欄のままとすること。

3　記入枠の部分は、必ず黒のボールペンを使用し、枠からはみ出さないように大きめのアラビア数字で明瞭に記入すること。

4　「対象年」の欄は、報告対象とした健康診断の実施年を記入すること。

5　1年を通し順次健診を実施して、一定期間をまとめて報告する場合は、「対象年」の欄の(　月～　月分)にその期間を記入すること。また、この場合の健診年月日は報告日に最も近い健診年月日を記入すること。

6　「対象年」の欄の(報告　回目)は、当該年の何回目の報告かを記入すること。

7　「事業の種類」の欄は、日本標準産業分類の中分類によって記入すること。

8　「健康診断実施機関の名称」及び「健康診断実施機関の所在地」の欄は、健康診断を実施した機関が2以上あるときは、その各々について記入すること。

9　「在籍労働者数」及び「受診労働者数」の欄は、健診年月日現在の人数を記入すること。なお、この場合の「在籍労働者数」は、常時使用する労働者数を記入すること。

10　(＊)の欄は、健診年月日現在において、労働安全衛生規則第13条第1項第3号に掲げる業務に常時従事する労働者を記入することとし、2以上の号別(イ～カ)に該当するものについては、主として従事する業務の欄に記入すること。

11　「所見のあつた者の人数」の欄は、各健康診断項目の有所見者数の合計ではなく、「聴力検査(オージオメーターによる検査)(1000Hz)」から「心電図検査」までの健康診断項目のいずれかが有所見であつた者の人数を記入すること。

12　「医師の指示人数」の欄は、健康診断の結果、要医療、要精密検査等医師による指示のあつた者の数を記入すること。

13　「産業医の氏名」の欄及び「事業者職氏名」の欄は、氏名を記載し、押印することに代えて、署名することができること。

●心理的な負担の程度を把握するための検査結果等報告書

（労働安全衛生規則様式第6号の2）

様式第6号の2（第52条の21関係）（表面）

心理的な負担の程度を把握するための検査結果等報告書

8 0 5 0 1		労働保険番号	1 3 1 0 5 1 2 3 4 5 6 □ □ □ □ □

都道府県　所掌　管轄　　　　　系統番号　　　　　　　枝番号　　　被一括事業場番号

対象年	7:平成 9:令和　→	9 0 0 年分 元号 年 1〜9年は右詰	検査実施年月	7:平成 9:令和　→	9 0 0 年 月 元号 年 月 1〜9年は右　1〜9月は右

事業の種類	総合商社	事業場の名称	大崎商事株式会社

事業場の所在地	郵便番号（141-0021） 東京都品川区上大崎○−○−○○	電話 03（○○○○）○○○○

			在籍労働者数	□ □ □ 1 8 3 人 右に詰めて記入する
検査を実施した者	3	1:事業場選任の産業医 2:事業場所属の医師(1以外の医師に限る。)、保健師、歯科医師、看護師、精神保健福祉士又は公認心理師 3:外部委託先の医師、保健師、歯科医師、看護師、精神保健福祉士又は公認心理師	検査を受けた労働者数	□ □ □ 1 5 7 人 右に詰めて記入する
面接指導を実施した医師	3	1:事業場選任の産業医 2:事業場所属の医師（1以外の医師に限る。） 3:外部委託先の医師	面接指導を受けた労働者数	□ □ □ □ 5 人 右に詰めて記入する
集団ごとの分析の実施の有無	1	1:検査結果の集団ごとの分析を行った 2:検査結果の集団ごとの分析を行っていない		

産業医	氏名	板倉八郎
	所属医療機関の名称及び所在地	板倉内科クリニック　品川区南大井○−○−○㊞

令和○年　○○月　○○日

事業者職氏名　大崎商事株式会社
代表取締役社長

品川 労働基準監督署長殿

伊藤厚夫 ㊞

受付印

折り曲げる場合は、◀の所を谷に折り曲げること

180

様式第6号の2（第52条の21関係）（裏面）

　備考

1　□□□で表示された枠（以下「記入枠」という。）に記入する文字は、光学的文字・イメージ読取装置（OCIR）で直接読み取りを行うので、この用紙は汚したり、穴をあけたり、必要以上に折り曲げたりしないこと。

2　記入すべき事項のない欄及び記入枠は、空欄のままとすること。

3　記入枠の部分は、必ず黒のボールペンを使用し、枠からはみ出さないように大きめのアラビア数字で明瞭に記入すること。

4　「対象年」の欄は、報告対象とした心理的な負担の程度を把握するための検査（以下「検査」という。）の実施年を記入すること。

5　1年を通し順次検査を実施した場合、その期間内の検査の実施状況をまとめて報告すること。この場合、「検査実施年月」の欄には、報告日に最も近い検査実施年月を記入すること。

6　「事業の種類」の欄は、日本標準産業分類の中分類によって記入すること。

7　「在籍労働者数」の欄は、検査実施年月の末日現在の常時使用する労働者数を記入すること。

8　「検査を実施した者」の欄は、労働安全衛生法第66条の10第1項の規定により検査を実施した医師等について該当する番号を記入すること。検査を実施した者が2名以上あるときは、代表者について記入すること。選択肢2の「事業場所属の医師（1以外の医師に限る。）」には、同じ企業内の他の事業場所属の医師が含まれること。選択肢3の「外部委託先」には、健康診断機関や外部専門機関が含まれること。

9　「検査を受けた労働者数」の欄は、報告対象期間内に検査を受けた労働者の実人数を記入することとし、複数回検査を受けた労働者がいる場合は、1名として数えて、記入すること。

10　「面接指導を実施した医師」の欄は、労働安全衛生法第66条の10第3項の規定により面接指導を実施した医師について、該当する番号を記入すること。

11　「面接指導を受けた労働者数」の欄は、労働安全衛生規則第52条の15の規定により医師等が面接指導を受けることが必要と認めたもののうち、申出をして実際に医師による面接指導を受けた者の数を記入すること。

12　「集団ごとの分析の実施の有無」の欄は、労働安全衛生規則第52条の14の規定に基づき検査結果の集団ごとの分析の実施の有無について、該当する番号を記入すること。

13　「産業医の氏名」の欄及び「事業者職氏名」の欄は、氏名を記載し、押印することに代えて、署名することができること。

2. 法令・通達編

安全衛生委員会に関する主な法令

【労働安全衛生法】（昭47.6.8　法律57）（抄）

（安全委員会）

第17条　事業者は、政令で定める業種及び規模の事業場ごとに、次の事項を調査審議させ、事業者に対し意見を述べさせるため、安全委員会を設けなければならない。

一　労働者の危険を防止するための基本となるべき対策に関すること。

二　労働災害の原因及び再発防止対策で、安全に係るものに関すること。

三　前二号に掲げるもののほか、労働者の危険の防止に関する重要事項

2　安全委員会の委員は、次の者をもつて構成する。ただし、第1号の者である委員（以下「第1号の委員」という。）は、一人とする。

一　総括安全衛生管理者又は総括安全衛生管理者以外の者で当該事業場においてその事業の実施を統括管理するもの若しくはこれに準ずる者のうちから事業者が指名した者

二　安全管理者のうちから事業者が指名した者

三　当該事業場の労働者で、安全に関し経験を有するもののうちから事業者が指名した者

3　安全委員会の議長は、第1号の委員がなるものとする。

4　事業者は、第1号の委員以外の委員の半数については、当該事業場に労働者の過半数で組織する労働組合があるときにおいてはその労働組合、労働者の過半数で組織する労働組合がないときにおいては労働

者の過半数を代表する者の推薦に基づき指名しなければならない。

5　前二項の規定は、当該事業場の労働者の過半数で組織する労働組合との間における労働協約に別段の定めがあるときは、その限度において適用しない。

(衛生委員会)

第18条　事業者は、政令で定める規模の事業場ごとに、次の事項を調査審議させ、事業者に対し意見を述べさせるため、衛生委員会を設けなければならない。

一　労働者の健康障害を防止するための基本となるべき対策に関すること。

二　労働者の健康の保持増進を図るための基本となるべき対策に関すること。

三　労働災害の原因及び再発防止対策で、衛生に係るものに関すること。

四　前三号に掲げるもののほか、労働者の健康障害の防止及び健康の保持増進に関する重要事項

2　衛生委員会の委員は、次の者をもつて構成する。ただし、第1号の者である委員は、一人とする。

一　総括安全衛生管理者又は総括安全衛生管理者以外の者で当該事業場においてその事業の実施を統括管理するもの若しくはこれに準ずる者のうちから事業者が指名した者

二　衛生管理者のうちから事業者が指名した者

三　産業医のうちから事業者が指名した者

四　当該事業場の労働者で、衛生に関し経験を有するもののうちから事業者が指名した者

3　事業者は、当該事業場の労働者で、作業環境測定を実施している作

業環境測定士であるものを衛生委員会の委員として指名することができる。

4　前条第3項から第5項までの規定は、衛生委員会について準用する。この場合において、同条第3項及び第4項中「第1号の委員」とあるのは、「第18条第2項第1号の者である委員」と読み替えるものとする。

（安全衛生委員会）

第19条　事業者は、第17条及び前条の規定により安全委員会及び衛生委員会を設けなければならないときは、それぞれの委員会の設置に代えて、安全衛生委員会を設置することができる。

2　安全衛生委員会の委員は、次の者をもつて構成する。ただし、第1号の者である委員は、一人とする。

一　総括安全衛生管理者又は総括安全衛生管理者以外の者で当該事業場においてその事業の実施を統括管理するもの若しくはこれに準ずる者のうちから事業者が指名した者

二　安全管理者及び衛生管理者のうちから事業者が指名した者

三　産業医のうちから事業者が指名した者

四　当該事業場の労働者で、安全に関し経験を有するもののうちから事業者が指名した者

五　当該事業場の労働者で、衛生に関し経験を有するもののうちから事業者が指名した者

3　事業者は、当該事業場の労働者で、作業環境測定を実施している作業環境測定士であるものを安全衛生委員会の委員として指名することができる。

4　第17条第3項から第5項までの規定は、安全衛生委員会について準用する。この場合において、同条第3項及び第4項中「第1号の委員」とあるのは、「第19条第2項第1号の者である委員」と読み替えるも

のとする。

【労働安全衛生法施行令】（昭47.8.19　政令318）（抄）

　（安全委員会を設けるべき事業場）

第8条　法第17条第1項の政令で定める業種及び規模の事業場は、次の
　各号に掲げる業種の区分に応じ、常時当該各号に掲げる数以上の労働
　者を使用する事業場とする。

　一　林業、鉱業、建設業、製造業のうち木材・木製品製造業、化学工
　　業、鉄鋼業、金属製品製造業及び輸送用機械器具製造業、運送業の
　　うち道路貨物運送業及び港湾運送業、自動車整備業、機械修理業並
　　びに清掃業　50人

　二　第2条第1号及び第2号に掲げる業種（前号に掲げる業種を除
　　く。）　100人

　（衛生委員会を設けるべき事業場）

第9条　法第18条第1項の政令で定める規模の事業場は、常時50人以上
　の労働者を使用する事業場とする。

【労働安全衛生規則】（昭47.9.30　労働省令32）（抄）

　（安全委員会の付議事項）

第21条　法第17条第1項第3号の労働者の危険の防止に関する重要事項
　には、次の事項が含まれるものとする。

　一　安全に関する規程の作成に関すること。

　二　法第28条の2第1項又は第57条の3第1項及び第2項の危険性又
　　は有害性等の調査及びその結果に基づき講ずる措置のうち、安全に
　　係るものに関すること。

　三　安全衛生に関する計画（安全に係る部分に限る。）の作成、実施、

評価及び改善に関すること。

四　安全教育の実施計画の作成に関すること。

五　厚生労働大臣、都道府県労働局長、労働基準監督署長、労働基準監督官又は産業安全専門官から文書により命令、指示、勧告又は指導を受けた事項のうち、労働者の危険の防止に関すること。

(衛生委員会の付議事項)

第22条　法第18条第１項第４号の労働者の健康障害の防止及び健康の保持増進に関する重要事項には、次の事項が含まれるものとする。

一　衛生に関する規程の作成に関すること。

二　法第28条の２第１項又は第57条の３第１項及び第２項の危険性又は有害性等の調査及びその結果に基づき講ずる措置のうち、衛生に係るものに関すること。

三　安全衛生に関する計画（衛生に係る部分に限る。）の作成、実施、評価及び改善に関すること。

四　衛生教育の実施計画の作成に関すること。

五　法第57条の４第１項及び第57条の５第１項の規定により行われる有害性の調査並びにその結果に対する対策の樹立に関すること。

六　法第65条第１項又は第５項の規定により行われる作業環境測定の結果及びその結果の評価に基づく対策の樹立に関すること。

七　定期に行われる健康診断、法第66条第４項の規定による指示を受けて行われる臨時の健康診断、法第66条の２の自ら受けた健康診断及び法に基づく他の省令の規定に基づいて行われる医師の診断、診察又は処置の結果並びにその結果に対する対策の樹立に関すること。

八　労働者の健康の保持増進を図るため必要な措置の実施計画の作成に関すること。

　九　長時間にわたる労働による労働者の健康障害の防止を図るための
　　　対策の樹立に関すること。

　十　労働者の精神的健康の保持増進を図るための対策の樹立に関する
　　　こと。

　十一　厚生労働大臣、都道府県労働局長、労働基準監督署長、労働基
　　　準監督官又は労働衛生専門官から文書により命令、指示、勧告又は
　　　指導を受けた事項のうち、労働者の健康障害の防止に関すること。

（委員会の会議）

第23条　事業者は、安全委員会、衛生委員会又は安全衛生委員会（以下
　「委員会」という。）を毎月１回以上開催するようにしなければならな
　い。

２　前項に定めるもののほか、委員会の運営について必要な事項は、委
　員会が定める。

３　事業者は、委員会の開催の都度、遅滞なく、委員会における議事の
　概要を次に掲げるいずれかの方法によつて労働者に周知させなければ
　ならない。

　一　常時各作業場の見やすい場所に掲示し、又は備え付けること。

　二　書面を労働者に交付すること。

　三　磁気テープ、磁気ディスクその他これらに準ずる物に記録し、か
　　　つ、各作業場に労働者が当該記録の内容を常時確認できる機器を設
　　　置すること。

４　事業者は、委員会の開催の都度、次に掲げる事項を記録し、これを
　３年間保存しなければならない。

　一　委員会の意見及び当該意見を踏まえて講じた措置の内容

　二　前号に掲げるもののほか、委員会における議事で重要なもの

５　産業医は、衛生委員会又は安全衛生委員会に対して労働者の健康を

確保する観点から必要な調査審議を求めることができる。

(関係労働者の意見の聴取)

第23条の2　委員会を設けている事業者以外の事業者は、安全又は衛生に関する事項について、関係労働者の意見を聴くための機会を設けるようにしなければならない。

【労働安全衛生マネジメントシステムに関する指針】（平11.4.30　労告53）（抄）

(労働者の意見の反映)

第6条　事業者は、安全衛生目標の設定並びに安全衛生計画の作成、実施、評価及び改善に当たり、安全衛生委員会等（安全衛生委員会、安全委員会又は衛生委員会をいう。以下同じ。）の活用等労働者の意見を反映する手順を定めるとともに、この手順に基づき、労働者の意見を反映するものとする。

【労働者の心の健康の保持増進のための指針】（平18.3.31　健康保持増進のための指針公示第3、改正：平27.11.30　健康保持増進のための指針公示第6）（抄）

2　メンタルヘルスケアの基本的考え方

ストレスの原因となる要因（以下「ストレス要因」という。）は、仕事、職業生活、家庭、地域等に存在している。心の健康づくりは、労働者自身が、ストレスに気づき、これに対処すること（セルフケア）の必要性を認識することが重要である。

しかし、職場に存在するストレス要因は、労働者自身の力だけでは取り除くことができないものもあることから、労働者の心の健康づくりを推進していくためには、職場環境の改善も含め、事業者によるメンタル

ヘルスケアの積極的推進が重要であり、労働の場における組織的かつ計画的な対策の実施は、大きな役割を果たすものである。

　このため、事業者は、以下に定めるところにより、自らがストレスチェック制度を含めた事業場におけるメンタルヘルスケアを積極的に推進することを表明するとともに、衛生委員会又は安全衛生委員会（以下「衛生委員会等」という。）において十分調査審議を行い、メンタルヘルスケアに関する事業場の現状とその問題点を明確にし、その問題点を解決する具体的な実施事項等についての基本的な計画（以下「心の健康づくり計画」という。）を策定・実施するとともに、ストレスチェック制度の実施方法等に関する規程を策定し、制度の円滑な実施を図る必要がある。また、心の健康づくり計画の実施に当たっては、ストレスチェック制度の活用や職場環境等の改善を通じて、メンタルヘルス不調を未然に防止する「一次予防」、メンタルヘルス不調を早期に発見し、適切な措置を行う「二次予防」及びメンタルヘルス不調となった労働者の職場復帰を支援等を行う「三次予防」が円滑に行われるようにする必要がある。これらの取組においては、教育研修、情報提供及び「セルフケア」、「ラインによるケア」、「事業場内産業保健スタッフ等によるケア」並びに「事業場外資源によるケア」の四つのメンタルヘルスケアが継続的かつ計画的に行われるようにすることが重要である。

　さらに、事業者は、メンタルヘルスケアを推進するに当たって、次の事項に留意することが重要である。

① 　心の健康問題の特性

　　心の健康については、客観的な測定方法が十分確立しておらず、その評価には労働者本人から心身の状況に関する情報を取得する必要があり、さらに、心の健康問題の発生過程には個人差が大きく、そのプロセスの把握が難しい。また、心の健康は、すべての労働者に関わる

ことであり、すべての労働者が心の問題を抱える可能性があるにもかかわらず、心の健康問題を抱える労働者に対して、健康問題以外の観点から評価が行われる傾向が強いという問題や、心の健康問題自体についての誤解や偏見等解決すべき問題が存在している。

② 労働者の個人情報の保護への配慮

メンタルヘルスケアを進めるに当たっては、健康情報を含む労働者の個人情報の保護及び労働者の意思の尊重に留意することが重要である。心の健康に関する情報の収集及び利用に当たっての、労働者の個人情報の保護への配慮は、労働者が安心してメンタルヘルスケアに参加できること、ひいてはメンタルヘルスケアがより効果的に推進されるための条件である。

③ 人事労務管理との関係

労働者の心の健康は、職場配置、人事異動、職場の組織等の人事労務管理と密接に関係する要因によって、大きな影響を受ける。メンタルヘルスケアは、人事労務管理と連携しなければ、適切に進まない場合が多い。

④ 家庭・個人生活等の職場以外の問題

心の健康問題は、職場のストレス要因のみならず家庭・個人生活等の職場外のストレス要因の影響を受けている場合も多い。また、個人の要因等も心の健康問題に影響を与え、これらは複雑に関係し、相互に影響し合う場合が多い。

3 衛生委員会等における調査審議

メンタルヘルスケアの推進に当たっては、事業者が労働者等の意見を聴きつつ事業場の実態に即した取組を行うことが必要である。また、心の健康問題に適切に対処するためには、産業医等の助言を求めることも必要である。このためにも、労使、産業医、衛生管理者等で構成される

衛生委員会等を活用することが効果的である。労働安全衛生規則（昭和47年労働省令第32号）第22条において、衛生委員会の付議事項として「労働者の精神的健康の保持増進を図るための対策の樹立に関すること」が規定されており、4に掲げる心の健康づくり計画の策定はもとより、その実施体制の整備等の具体的な実施方策や個人情報の保護に関する規程等の策定等に当たっては、衛生委員会等において十分調査審議を行うことが必要である。

　また、ストレスチェック制度に関しては、心理的な負担の程度を把握するための検査及び面接指導の実施並びに面接指導結果に基づき事業者が講ずべき措置に関する指針（平成27年4月15日心理的な負担の程度を把握するための検査等指針公示第1号。以下「ストレスチェック指針」という。）により、衛生委員会等においてストレスチェックの実施方法等について調査審議を行い、その結果を踏まえてストレスチェック制度の実施に関する規程を定めることとされていることから、ストレスチェック制度に関する調査審議とメンタルヘルスケアに関する調査審議を関連付けて行うことが望ましい。

　なお、衛生委員会等の設置義務のない小規模事業場においても、4に掲げる心の健康づくり計画及びストレスチェック制度の実施に関する規程の策定並びにこれらの実施に当たっては、労働者の意見が反映されるようにすることが必要である。

4　心の健康づくり計画

　メンタルヘルスケアは、中長期的視点に立って、継続的かつ計画的に行われるようにすることが重要であり、また、その推進に当たっては、事業者が労働者の意見を聴きつつ事業場の実態に則した取組を行うことが必要である。このため、事業者は、3に掲げるとおり衛生委員会等において十分調査審議を行い、心の健康づくり計画を策定することが必要

である。心の健康づくり計画は、各事業場における労働安全衛生に関する計画の中に位置付けることが望ましい。

メンタルヘルスケアを効果的に推進するためには、心の健康づくり計画の中で、事業者自らが事業場におけるメンタルヘルスケアを積極的に推進することを表明するとともに、その実施体制を確立する必要がある。心の健康づくり計画の実施においては、実施状況等を適切に評価し、評価結果に基づき必要な改善を行うことにより、メンタルヘルスケアの一層の充実・向上に努めることが望ましい。心の健康づくり計画で定めるべき事項は次に掲げるとおりである。

① 事業者がメンタルヘルスケアを積極的に推進する旨の表明に関すること。

② 事業場における心の健康づくりの体制の整備に関すること。

③ 事業場における問題点の把握及びメンタルヘルスケアの実施に関すること。

④ メンタルヘルスケアを行うために必要な人材の確保及び事業場外資源の活用に関すること。

⑤ 労働者の健康情報の保護に関すること。

⑥ 心の健康づくり計画の実施状況の評価及び計画の見直しに関すること。

⑦ その他労働者の心の健康づくりに必要な措置に関すること。

なお、ストレスチェック制度は、各事業場の実情に即して実施されるメンタルヘルスケアに関する一次予防から三次予防までの総合的な取組の中に位置付けることが重要であることから、心の健康づくり計画において、その位置付けを明確にすることが望ましい。また、ストレスチェック制度の実施に関する規程の策定を心の健康づくり計画の一部として行っても差し支えない。

安全衛生委員会に関する主な通達

【労働安全衛生法の施行について】（昭47.9.18　発基91）（抄）

　また、安全・衛生委員会は一定規模等の事業場に設置義務があり、事業者が講ずべき事業場の安全、衛生対策の推進について事業者が必要な意見を聴取し、その協力を得るために設置運営されるものであり、したがつて、安全・衛生委員会の活動は労働時間内に行なうのを原則とすること。

　安全・衛生委員会は、労使が協力し合つて、当該事業場における安全衛生問題を調査審議するための場であつて、団体交渉を行なうところではないものであること。なお、安全・衛生委員会の設置の趣旨にかんがみ、同委員会において問題のある事項については、労使が納得の行くまで話し合い、労使の一致した意見に基づいて行動することが望ましいこと。

【労働安全衛生法および同法施行令の施行について】（昭47.9.18　基発602）（抄）

I　法律関係

8　安全・衛生委員会（第17条から第19条まで関係）

⑴　第17条第2項第1号、第18条第2項第1号または第19条第2項第1号の「総括安全衛生管理者以外の者で当該事業者においてその事業の実施を統括管理するもの」とは、第10条に基づく総括安全衛生管理者の選任を必要としない事業場について規定されたものであり、同号の「これに準ずる者」とは、当該事業場において事業の実施を統括管理する者以外の者で、その者に準じた地位にある者（たとえば副所長、副工場長など）をさすものであること。

⑵　第17条第2項第3号および第19条第2項第3号の「安全に関し経験

を有する者」とは、狭義の安全に関する業務経験を有する者のみをいうものではなく、当該事業における作業の実施またはこれらの作業に関する管理の面において、安全確保のために関係した経験を有する者を広く総称したものであること。

(3)　安全・衛生委員会の運営について、従来の過半数決定の規定を削除したのは、安全、衛生問題の本来的性格から、労使の意見の合致を前提とすることが望ましいという見解に基づくものであること。

(4)　安全・衛生委員会の会議の開催に要する時間は労働時間と解されること。従つて、当該会議が法定時間外に行なわれた場合には、それに参加した労働者に対し、当然、割増賃金が支払われなければならないものであること。

(5)　安全・衛生委員会の議長となる委員以外の委員の半数については、当該事業場に労働者の過半数で組織する労働組合があるときにおいては、その労働組合、労働者の過半数で組織する労働組合がないときにおいては、労働者の過半数を代表する者の推薦に基づき指名しなければならないこととされているが、種々の事情により労働者側の委員推薦が得られない場合には、事業者としては、委員推薦があるように誠意をもつて話し合うべきものであり、その話し合いを続けている過程において、安全・衛生委員会の委員の推薦が労働者側から得られないために委員の指名もできず、委員会が設置されない場合があつたとしても、事業者に、安全・衛生委員会の未設置に係る刑事責任の問題は発生しないと解されるものであること。

(6)　また、「推薦に基づき指名」するとは、第17条から第19条までに定めるところにより、適法な委員の推薦があつた場合には、事業者は第1号の委員以外の委員の半数の限度において、その者を委員として指名しなければならない趣旨であること。

Ⅱ　施行令関係

2　第2条関係

(1)　本条で「常時当該各号に掲げる数以上の労働者を使用する」とは、日雇労働者、パートタイマー等の臨時的労働者の数を含めて、常態として使用する労働者の数が本条各号に掲げる数以上であることをいうものであること。

(2)　第2号の「物の加工業」に属する事業は、給食の事業が含まれるものであること。

(3)　給食の事業のうち、学校附設の給食場についての事業場の単位としては、一の教育委員会の管轄下の給食場をまとめて一の事業場として取り扱うこと。

【労働安全衛生法等の一部を改正する法律（労働安全衛生法関係）等の施行について】（平18.2.24　基発0224003）（抄）

Ⅳ　労働安全衛生規則関係

第2　細部事項

4　安全委員会、衛生委員会等

(1)　安全委員会の付議事項（第21条関係）

　　事業場における安全衛生水準の向上には、事業場トップ及び労働災害防止の当事者であり現場を熟知している労働者が参画する安全衛生委員会等（安全委員会、衛生委員会及び安全衛生委員会をいう。以下同じ。）の活性化が必要であることから、安全委員会の調査審議事項に、危険性又は有害性等の調査等のうち安全に係るものに関すること、並びに安全衛生に関する計画（安全に係る部分に限る。）の作成、実施、評価及び改善に関することが含まれることとしたこと。

(2)　衛生委員会の付議事項（第22条関係）

ア　事業場における安全衛生水準の向上には、事業場トップ及び労働災害防止の当事者であり現場を熟知している労働者が参画する安全衛生委員会等の活性化が必要であることから、衛生委員会の調査審議事項に、危険性又は有害性等の調査等のうち衛生に係るものに関すること、並びに安全衛生に関する計画（衛生に係る部分に限る。）の作成、実施、評価及び改善に関することが含まれることとしたこと。

イ　第9号は、脳・心臓疾患の労災認定件数が高い水準で推移しており、事業場において労使が協力して長時間労働による健康障害の防止対策を推進する重要性が増していることから、衛生委員会等の付議事項として、「長時間にわたる労働による労働者の健康障害の防止を図るための対策の樹立に関すること」を明記したものであること。

　　なお、この対策の樹立に関することには、

①　長時間にわたる労働による労働者の健康障害の防止対策の実施計画の策定等に関すること

②　面接指導等の実施方法及び実施体制に関すること

③　第52条の3第1項及び第52条の8第3項に規定する労働者の申出が適切に行われるための環境整備に関すること

④　面接指導等の申出を行ったことにより当該労働者に対して不利益な取扱いが行われることがないようにするための対策に関すること

⑤　第52条の8第2項第2号に規定する事業場で定める必要な措置に係る基準の策定に関すること

⑥　事業場における長時間労働による健康障害の防止対策の労働者への周知に関すること

が含まれること。

ウ　第10号は、精神障害等の労災認定件数が増加しており、事業場において労使が協力してメンタルヘルス対策を推進する重要性が増していることから、衛生委員会等の付議事項として、第8号とは別に、「労働者の精神的健康の保持増進を図るための対策の樹立に関すること」を明記したこと。

　　なお、この対策の樹立に関することには、

①　事業場におけるメンタルヘルス対策の実施計画の策定等に関すること

②　事業場におけるメンタルヘルス対策の実施体制の整備に関すること

③　労働者の精神的健康の状況を事業者が把握したことにより当該労働者に対して不利益な取扱いが行われるようなことがないようにするための対策に関すること

④　労働者の精神的健康の状況に係る健康情報の保護に関すること

⑤　事業場におけるメンタルヘルス対策の労働者への周知に関すること

が含まれること。

エ　衛生委員会等において長時間労働による健康障害防止対策、メンタルヘルス対策について調査審議するに当たっては、医学的及び専門的な見地からの意見が重要であり、その構成員である産業医や衛生管理者の積極的な関与が必要であることから、事業場においては、産業医や衛生管理者について、その適正な選任はもとより、衛生委員会等への出席の徹底を図り、その役割が適切に果たされる必要があること。また、衛生委員会等において調査審議を行った結果、一定の事項について結論を得た場合については、これに基づいて着実

に対策を実施するなど、事業者はこの結論を当然に尊重すべきものであること。

オ　常時50人以上の労働者を使用する事業場以外の事業場においては、衛生委員会等の調査審議に替え、第23条の2の関係労働者の意見を聴くための機会を利用して、長時間労働による健康障害防止対策やメンタルヘルス対策について労働者の意見を聴取するように努め、その意見を踏まえつつこれらの対策を樹立することが必要であること。また、衛生に係るこれらの対策の担当者として衛生推進者又は安全衛生推進者の活用に努めることも必要であること。

(3)　委員会の議事録の概要の周知（第23条第3項関係）

安全衛生委員会等の透明性を確保するため、事業者は、安全衛生委員会等の開催の都度、遅滞なく、その議事の概要を労働者に周知させなければならないこととし、その方法として、法第101条第1項に基づく労働者に対する法令等の周知の方法と同様の方法（改正省令による改正前の安衛則第98条の2）を定めたこと。

■著者紹介

村木　宏吉　むらき　ひろよし

労働衛生コンサルタント（町田安全衛生リサーチ代表）

1977年に旧労働省に労働基準監督官として採用され、北海道労働基準局（当時）、東京労働基準局（当時）と神奈川労働基準局（当時）の各労働基準監督署に勤務した後、同局管内各労働基準監督署および局勤務を経て、神奈川労働局労働基準部労働衛生課の主任労働衛生専門官を最後に2009年に退官し、町田安全衛生リサーチを設立。労働衛生コンサルタント。
元労働基準監督署長。過去に民間会社での勤務経験あり。労働基準法、労働安全衛生法および労災保険法等の著書多数。

■イラストレーター

村木　高明　むらき　たかあき

上智大学文学部英文学科卒業。在学中からグラフィックデザインやイラストの制作を行う。イラストレーターを用いた図解イラストや手書きのコミックなどで、労働法に関する専門書籍の出版に多く携わる。

カバーデザイン／株式会社ライラック
印刷・製本／日本フィニッシュ株式会社

第2版
すぐに使える 衛生委員会の基本と実務

2018年 3 月20日　初版発行
2020年10月31日　第 2 版発行
2023年 9 月20日　第 2 版第 3 刷発行

著　　者　村木　宏吉
イラスト　村木　高明
発 行 所　株式会社 **労務行政**
　　　　　〒141-0031 東京都品川区西五反田 3 - 6 - 21
　　　　　　　　　　 住友不動産西五反田ビル 3 階
　　　　　TEL：03-3491-1231　FAX：03-3491-1299
　　　　　https://www.rosei.jp/